BILDWÖRTERBUCH ENGLISCH

Helen Davies
Illustrationen: John Shackell

arsEdition

Inhalt

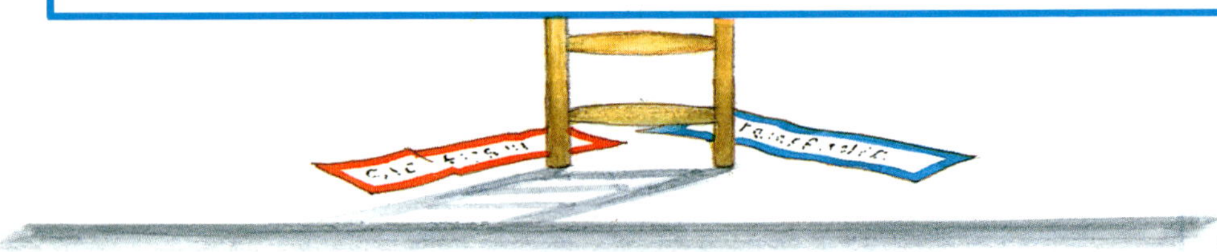

Zu diesem Buch

In diesem Buch findest du mehr als 2000 englische Wörter und Sätze und dazu Bilder, damit du dir die Wörter besser merken kannst. Einzelne Wörter findest du in den eckigen Kästchen; in den »wolkigen« Sprechblasen stehen fertige Ausdrücke, die du sofort verwenden kannst. Am Ende des Buches (ab Seite 96) stehen die wichtigsten Englisch-Regeln. Wenn du sie durchliest, kannst du lernen, wie man auch die einzelnen Wörter zu einem richtigen Satz zusammenbaut.

Substantive/Hauptwörter

Du erkennst Substantive im Zweifelsfall daran, dass die deutsche Übersetzung für die englischen Wörter mit einem Großbuchstaben beginnt. Im Englischen gibt es kein »der«, »die« und »das«, sondern alle Substantive haben gleichermaßen den Artikel **the**. Deshalb kann man bei einigen Wörtern – vor allem bei Berufsbezeichnungen – nicht von vornherein entscheiden, ob ein Mann oder eine Frau (bzw. ein Junge oder ein Mädchen) gemeint ist. In einem solchen Fall findest du die Buchstaben (**m/w**) hinter dem Wort. Das bedeutet, dass es entweder männlich (maskulin) oder weiblich (feminin) sein kann. Im bebilderten Teil ist jeweils nur die zum Bild passende Übersetzung angegeben. Es gibt auch Wörter, die man nur im Plural verwendet; hinter diesen Wörtern steht (**M**). Gelegentlich findest du ein (**E**) hinter einem englischen Wort, und das bedeutet, dass man dieses Wort nur in der Einzahl (Singular) gebraucht.

Adjektive/Eigenschaftswörter

Falls du mal nicht sicher bist, ob ein englisches Wort ein Adjektiv oder ein Substantiv ist, dann schau dir einfach die deutsche Übersetzung dafür an. Ist sie klein geschrieben, dann handelt es sich um ein Adjektiv.
Adjektive (Eigenschaftswörter) und Adverbien (Umstandswörter) sind im Englischen verschieden. Im Bilderteil des Buches stehen nur Adjektive. Wie man sie in Adverbien umwandeln kann, findest du in dem Teil mit den Sprachregeln auf Seite 96.

Verben/Tätigkeitswörter

Du erkennst Verben im Buch sofort, weil sie immer in der Grundform (Infinitiv) angegeben sind; das heißt, es steht immer ein **to** davor.

Begegnungen

Hello!	Hallo!	**man**	der Mann
Good bye!	Auf Wiedersehen!	**woman**	die Frau
See you later.	Bis bald!	**baby**	das Baby
to shake hands	die Hand geben	**boy**	der Junge
to kiss	einen Kuss geben	**girl**	das Mädchen

to introduce	vorstellen	**How are you?**	Wie gehts?
friend (w)	die Freundin	**Very well, thank you.**	Sehr gut, danke.
friend (m)	der Freund		
to meet	treffen		

to chat	plaudern
Yes	Ja
No	Nein
I agree.	Einverstanden
to say	sagen
to burst out laughing	in Lachen ausbrechen

name	der Name
first name	der Vorname
surname	der Familienname
What's your name?	Wie heißt du?
My name is ...	Ich heiße ...
His name is ...	Er heißt ...

age	das Alter	**old**	alt
How old are you?	Wie alt bist du?	**older than**	älter als
I'm nineteen.	Ich bin neunzehn.	**younger than**	jünger als
young	jung	**as old as**	das gleiche Alter

Familie

family	die Familie	**grandmother**	die Großmutter
father	der Vater	**aunt**	die Tante
mother	die Mutter	**uncle**	der Onkel
brother	der Bruder	**cousin (w)**	die Kusine
sister	die Schwester	**cousin (m)**	der Vetter
grandfather	der Großvater		

to be related to	verwandt sein mit	**granddaughter**	die Enkelin
son	der Sohn	**to be fond of**	jemanden gern haben
daughter	die Tochter	**nephew**	der Neffe
to bring up	aufziehen	**niece**	die Nichte
grandson	der Enkel		

wife	die Ehefrau
husband	der Ehemann
parents	die Eltern
to love	lieben
children	die Kinder
twins	die Zwillinge
only child	das Einzelkind

life	das Leben	**wedding**	die Hochzeit
birth	die Geburt	**to work**	arbeiten
to be born	geboren werden	**old age**	das Alter (Lebensphase)
childhood	die Kindheit	**death**	der Tod
marriage	die Ehe	**to die**	sterben
to marry	heiraten	**funeral**	die Beerdigung

Aussehen und Charakter

pretty	schön
handsome	gut aussehend
strong	stark
weak	schwach
thin	dünn
slim	schlank
fat	dick

to have blond hair*	blond sein, blonde Haare haben	**curly hair**	lockige Haare
brown hair	braune Haare	**fringe**	der Pony
red hair	rote Haare	**plaits**	Zöpfe
straight hair	glatte Haare	**to be bald**	eine Glatze haben

*Auf Englisch sagt man immer **hair** für Haar/Haare, außer wenn es wirklich einzelne Haare sind

polite	höflich
rude	unhöflich
nice	nett
silly	dumm, albern
shy	schüchtern
friendly	freundlich
funny	witzig, lustig
cheerful	fröhlich
sad	traurig

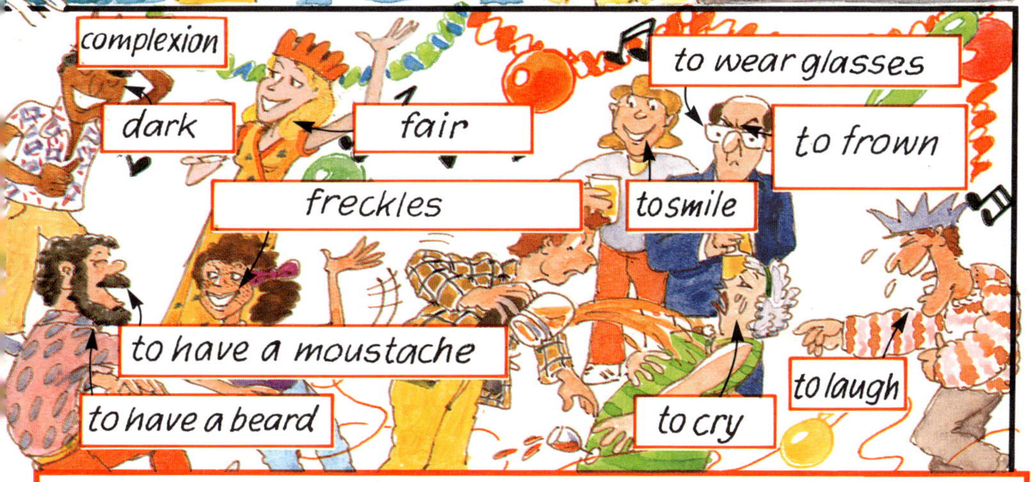

complexion	die Gesichtsfarbe	**to have a beard**	einen Bart haben
dark	dunkel	**to wear glasses (M)**	eine Brille tragen
fair	hell	**to frown**	die Stirn runzeln
freckles	die Sommersprossen	**to smile**	lächeln
to have a moustache	einen Schnurrbart haben	**to laugh**	lachen
		to cry	weinen

Der Körper

head	der Kopf
hair	das Haar
face	das Gesicht
skin	die Haut
eye	das Auge
cheek	die Wange
nose	die Nase
ear	das Ohr
mouth	der Mund
tooth	der Zahn
tongue	die Zunge
lip	die Lippe
neck	der Hals
chin	das Kinn

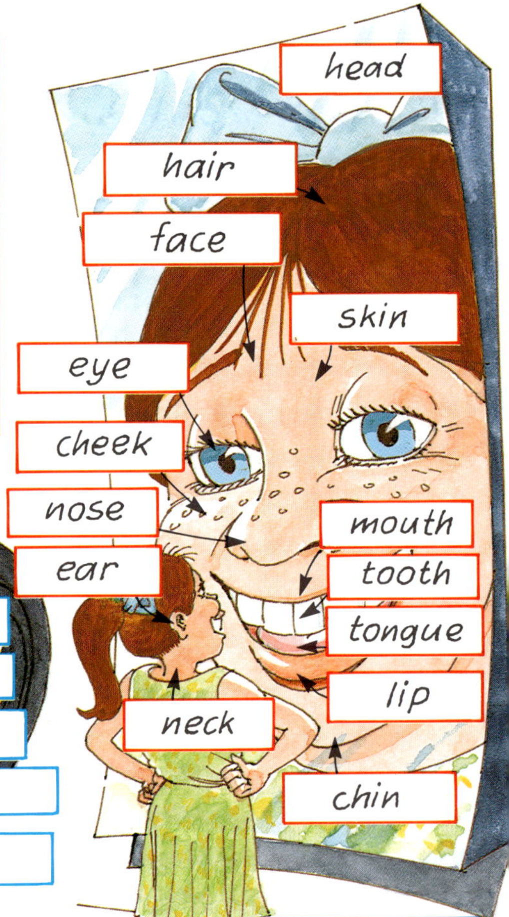

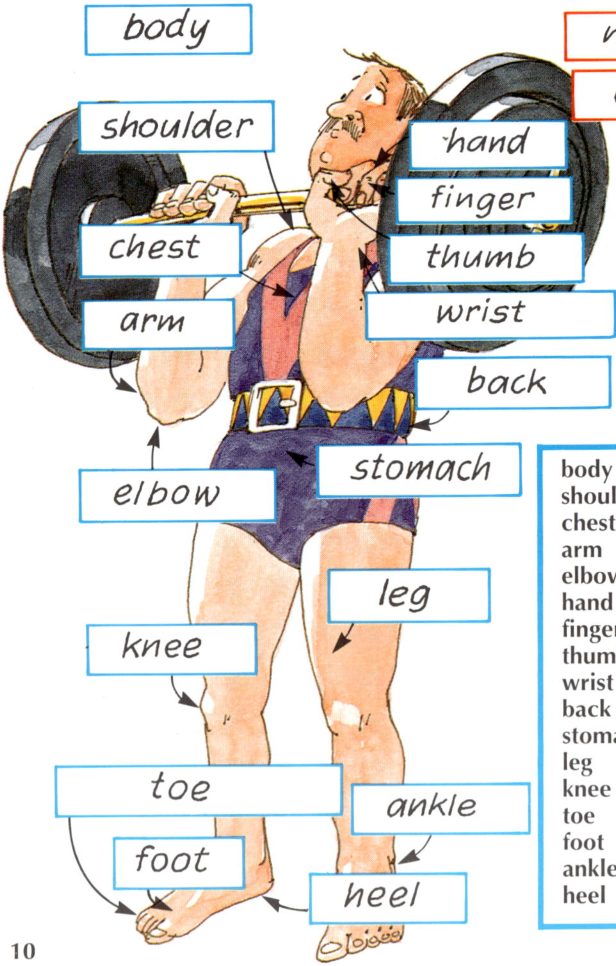

body	der Körper
shoulder	die Schulter
chest	die Brust
arm	der Arm
elbow	der Ell(en)bogen
hand	die Hand
finger	der Finger
thumb	der Daumen
wrist	das Handgelenk
back	der Rücken
stomach	der Magen
leg	das Bein
knee	das Knie
toe	der Zeh
foot	der Fuß
ankle	der Knöchel
heel	die Ferse

to be tall*	groß sein
to be short*	klein sein
to weigh oneself**	sich wiegen
to be light	leicht sein
to be heavy	schwer sein

left side	die linke Seite
right side	die rechte Seite

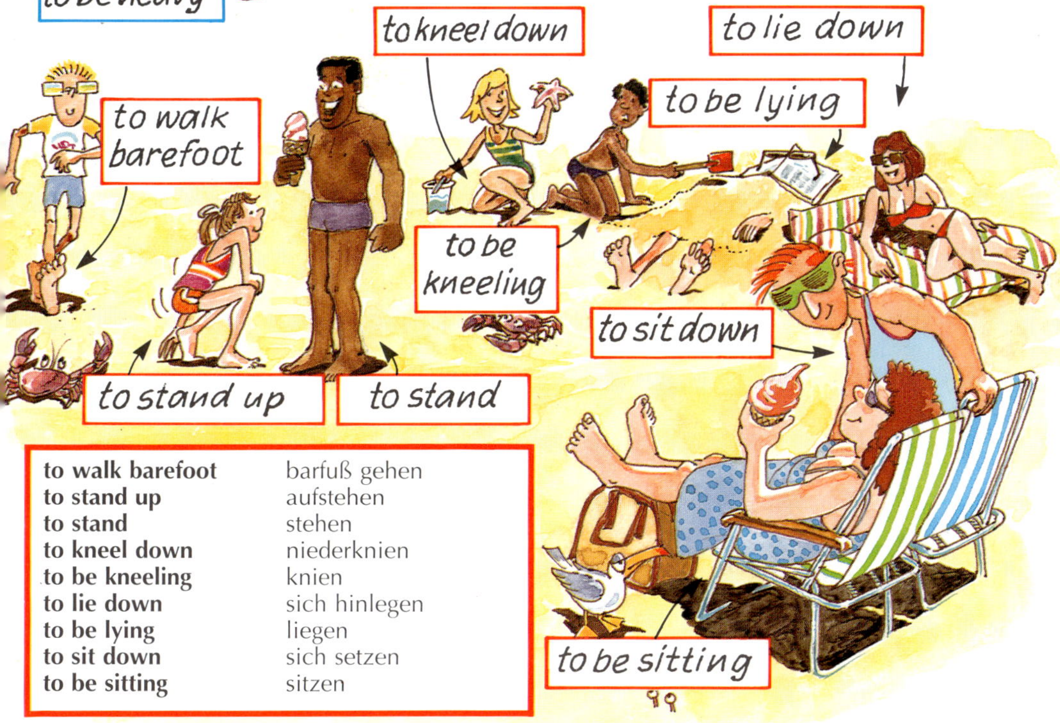

to walk barefoot	barfuß gehen
to stand up	aufstehen
to stand	stehen
to kneel down	niederknien
to be kneeling	knien
to lie down	sich hinlegen
to be lying	liegen
to sit down	sich setzen
to be sitting	sitzen

*__tall__ und __short__ bezeichnen nur die Körpergröße.
**__I weigh myself__ heißt »Ich wiege mich.«

Wohnen

block of flats	das Mietshaus
flat	die Wohnung
I'm at home.	Ich bin zu Hause.
second floor	zweiter Stock
front door	die Eingangstür
doorbell	die Klingel
to ring the bell	klingeln
letter box	der Briefkasten
doormat	der Fußabstreifer
balcony	der Balkon
first floor	erster Stock
caretaker (m/w)	der Hausmeister
to move in	einziehen
ground floor	das Erdgeschoss

house	das Haus
to live in a house	in einem Haus wohnen
neighbour (m/w)	die Nachbarin
landlady*	die Hauswirtin
to move out	ausziehen
tenant	der Mieter
basement	der Keller

*__landlord__ ist der »Hausbesitzer«

smoke	der Rauch
roof	das Dach
chimney	der Kamin
attic	der Dachboden
window	das Fenster
wall	die Wand
door	die Tür
toilet	die Toilette
bedroom	das Schlafzimmer
bathroom	das Badezimmer
kitchen	die Küche
dining room	das Esszimmer

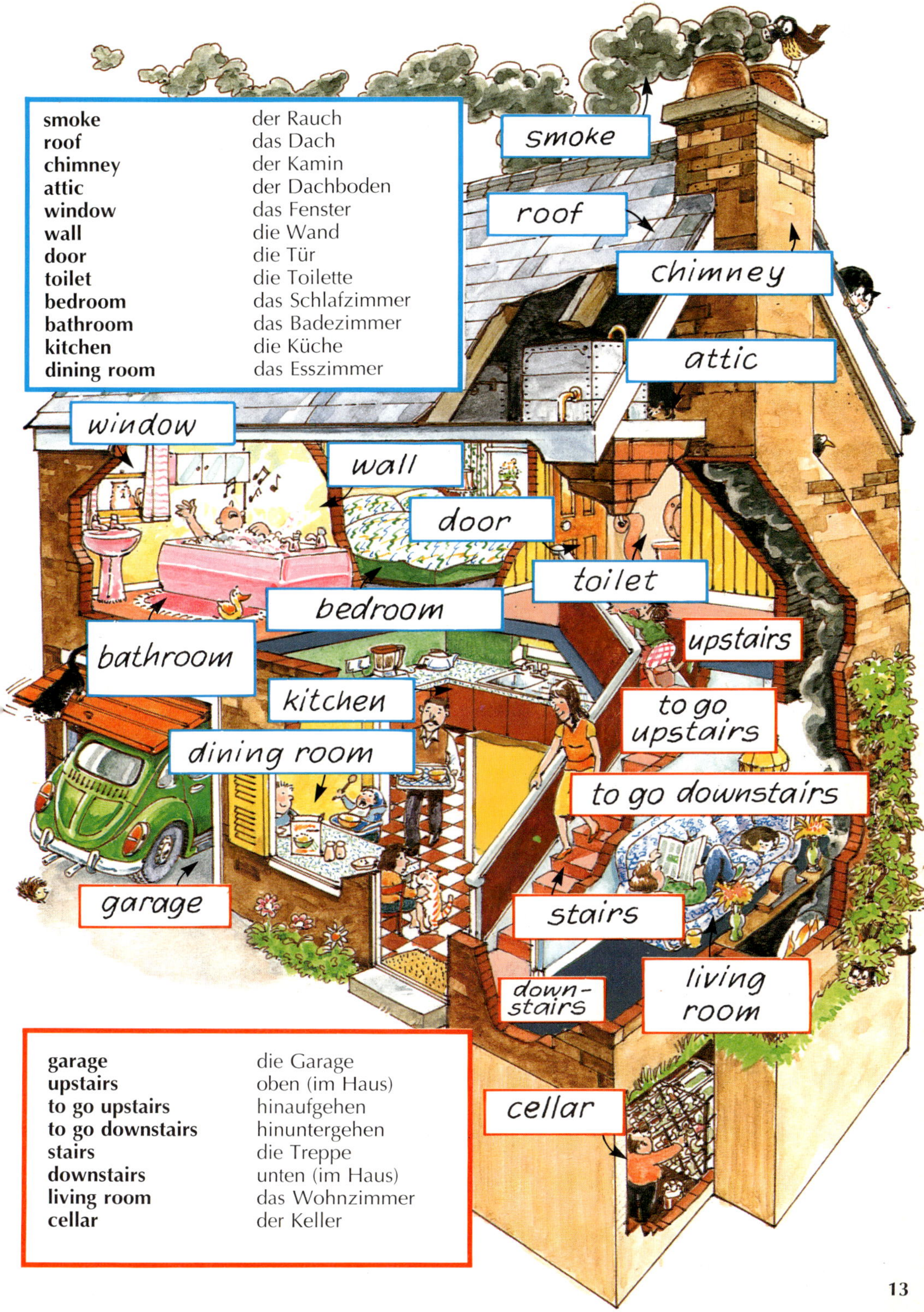

garage	die Garage
upstairs	oben (im Haus)
to go upstairs	hinaufgehen
to go downstairs	hinuntergehen
stairs	die Treppe
downstairs	unten (im Haus)
living room	das Wohnzimmer
cellar	der Keller

Ess- und Wohnzimmer

dining room	das Esszimmer
light	das Licht
radiator	der Heizkörper
table	der Tisch
chair	der Stuhl
floor	der Fußboden
carpet	der Teppich

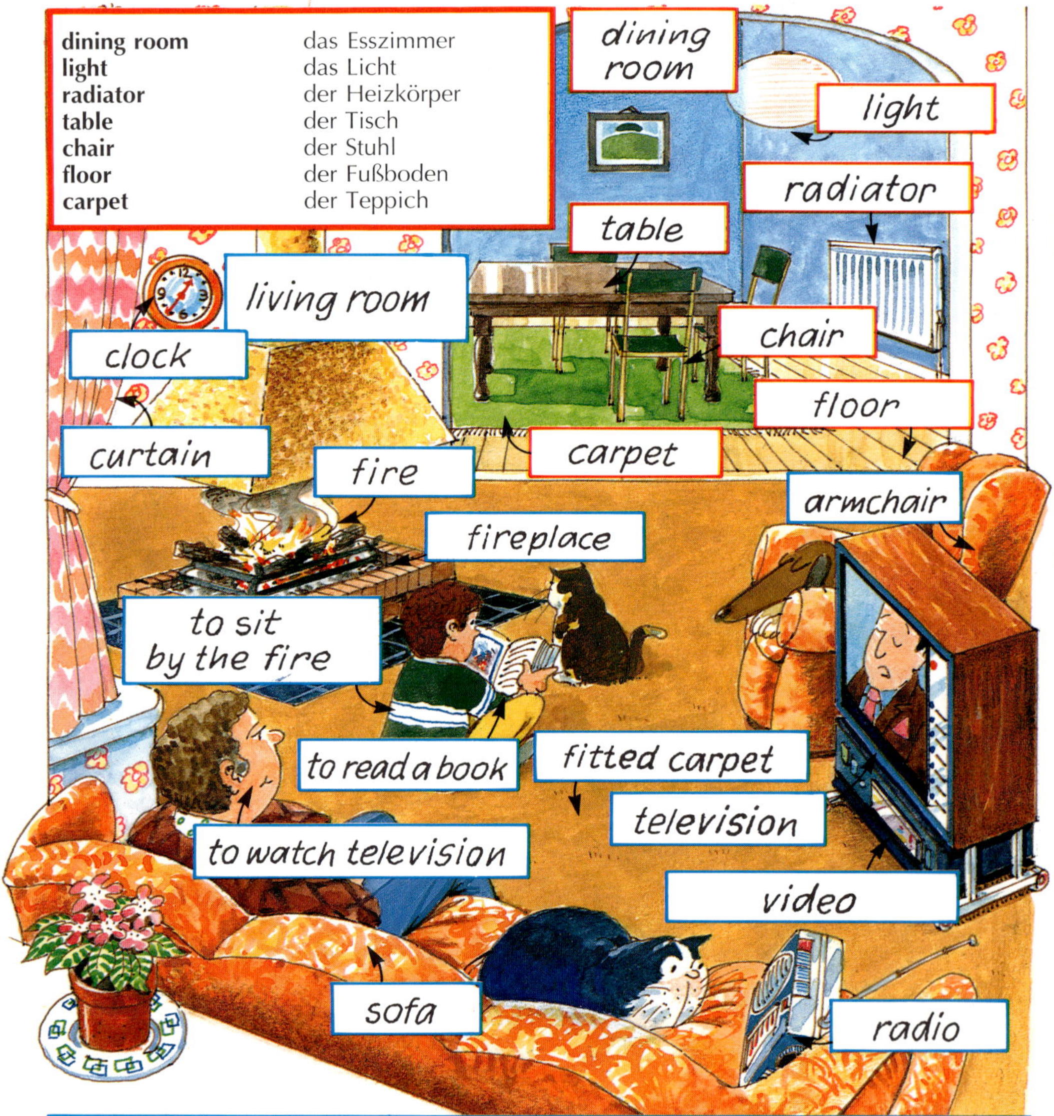

living room	das Wohnzimmer	**to read a book**	ein Buch lesen
clock	die Uhr	**to watch television**	fernsehen
curtain	der Vorhang	**sofa**	das Sofa
fire	das Feuer	**fitted carpet**	der Teppichboden
fireplace	der Kamin	**television**	das Fernsehen
armchair	der Sessel	**video**	das Videogerät
to sit by the fire	am Feuer sitzen	**radio**	das Radio

In der Küche

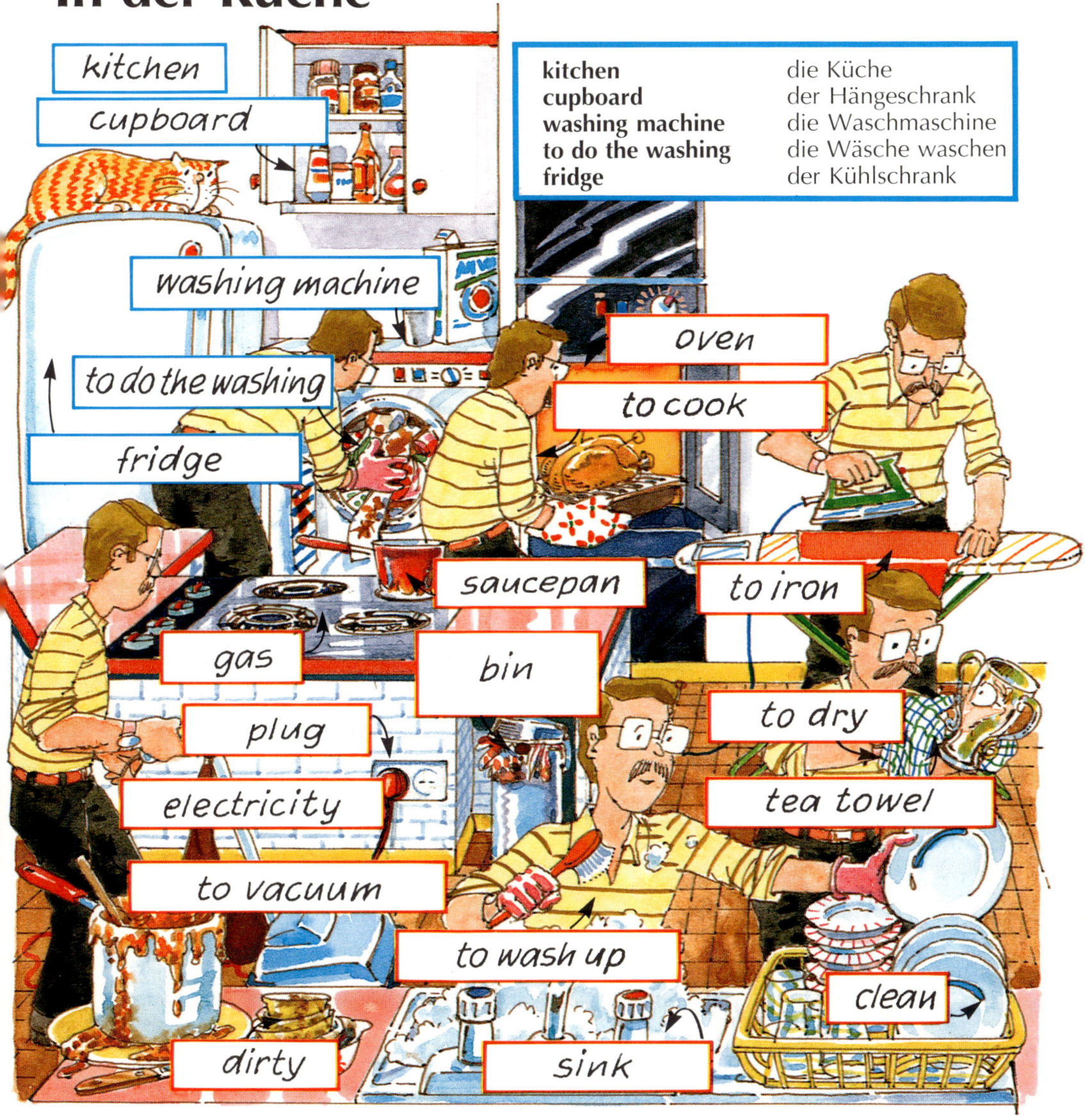

kitchen	die Küche
cupboard	der Hängeschrank
washing machine	die Waschmaschine
to do the washing	die Wäsche waschen
fridge	der Kühlschrank

oven	der Backofen	**to vacuum**	Staub saugen
to cook	schmoren, kochen	**to wash up**	abwaschen
saucepan	der Kochtopf	**dirty**	schmutzig
gas	das Gas	**sink**	das Spülbecken
bin	der Abfalleimer	**to dry**	(ab-)trocknen
to iron	bügeln	**tea towel**	das Geschirrtuch
plug	der Stecker	**clean**	sauber
electricity	die Elektrizität		

Im Garten

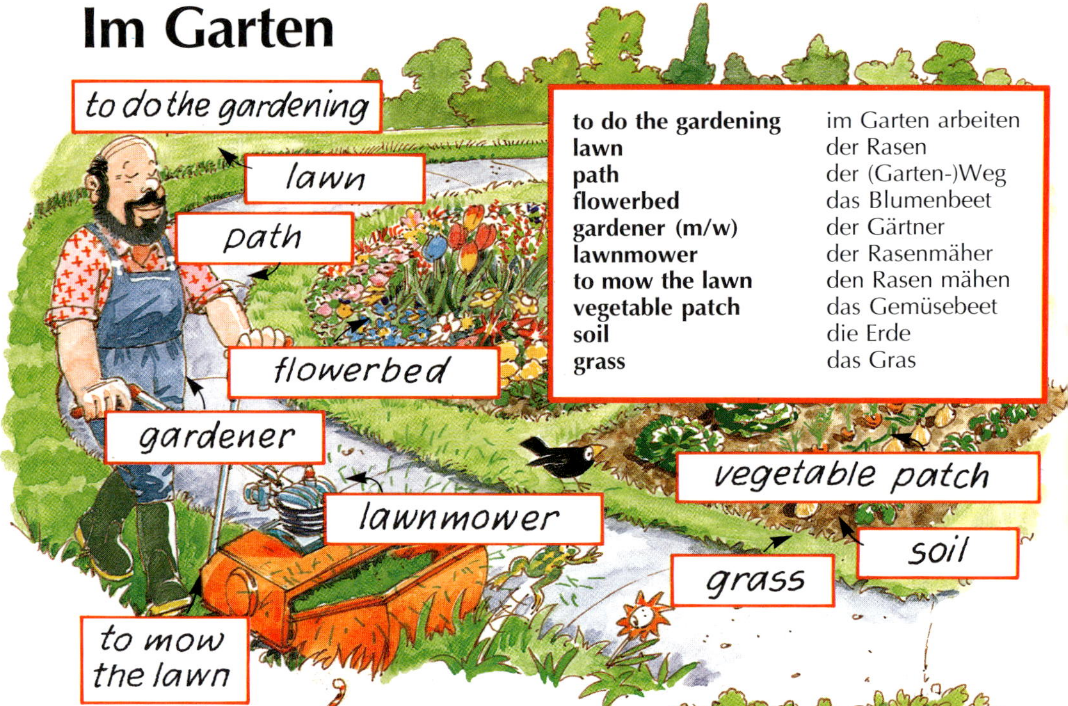

to do the gardening	im Garten arbeiten
lawn	der Rasen
path	der (Garten-)Weg
flowerbed	das Blumenbeet
gardener (m/w)	der Gärtner
lawnmower	der Rasenmäher
to mow the lawn	den Rasen mähen
vegetable patch	das Gemüsebeet
soil	die Erde
grass	das Gras

greenhouse	das Gewächshaus
washing line	die Wäscheleine
clothes peg	die Wäscheklammer
tree	der Baum
bird	der Vogel
nest	das Nest
bush	der Busch
shade	der Schatten

bee	die Biene	**tulip**	die Tulpe
butterfly	der Schmetterling	**forget-me-not**	das Vergissmeinnicht
wasp	die Wespe	**daffodil**	die Narzisse
to sting	stechen	**seeds**	die Samen
rose	die Rose	**to plant**	pflanzen
scent	der Duft	**bulb**	die Blumenzwiebel
beautiful	schön	**to weed**	Unkraut jäten
dahlia	die Dahlie	**weed**	das Unkraut
geranium	die Geranie		

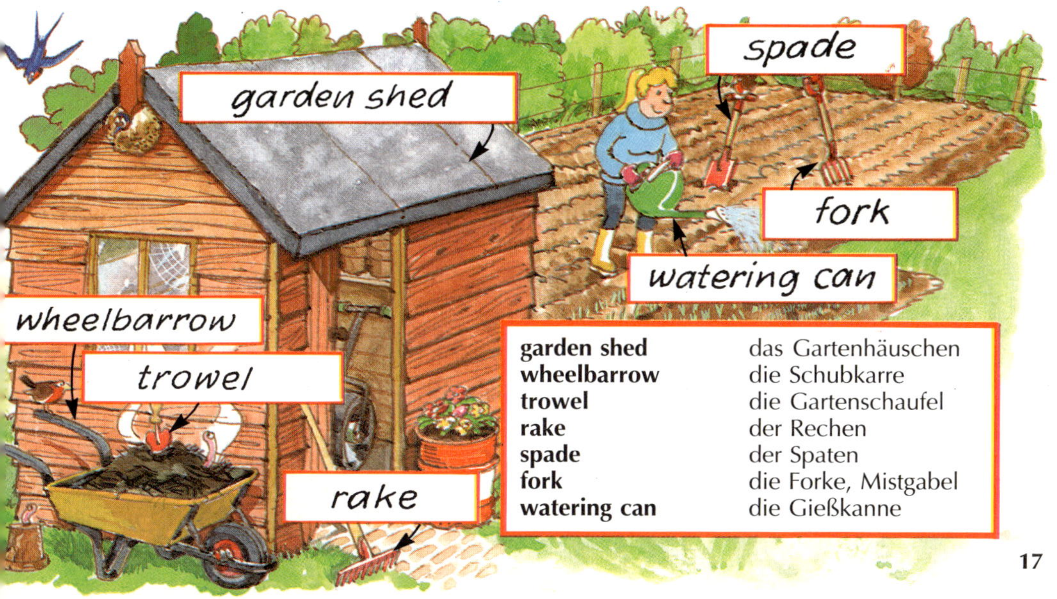

garden shed	das Gartenhäuschen
wheelbarrow	die Schubkarre
trowel	die Gartenschaufel
rake	der Rechen
spade	der Spaten
fork	die Forke, Mistgabel
watering can	die Gießkanne

Haustiere

dog	der Hund
kennel	die Hundehütte
puppy	der Welpe, der junge Hund
fur	das Fell
paw	die Pfote
playful	verspielt
to bark	bellen
BEWARE OF THE DOG!	Vorsicht, bissiger Hund!
to chase	verfolgen, nachjagen
to fetch	(her-)bringen
tail	der Schwanz
to wag its tail	mit dem Schwanz wedeln
to growl	knurren
to take for a walk	ausführen

cat	die Katze
basket	der Korb
to purr	schnurren
kitten	das Kätzchen
to meow	miauen
to stretch	strecken
claw	die Kralle
soft	sanft, weich
sweet	reizend, süß

budgie	der Wellensittich	**rabbit**	das Kaninchen
perch	Vogelstange	**tortoise**	die Schildkröte
wing	der Flügel	**cage**	der Käfig
beak	der Schnabel	**to feed**	füttern
feather	die Feder	**goldfish**	der Goldfisch
hamster	der Hamster	**mouse**	die Maus
hedgehog	der Igel	**goldfish bowl***	das Goldfischglas
guinea pig	das Meerschweinchen		

*__bowl__ heißt eigentlich Schüssel

Aufstehen

to wake up	aufwachen
Good morning!	Guten Morgen!
to rub your eyes	sich die Augen reiben
to yawn	gähnen
alarm clock	der Wecker

to get up	aufstehen
to open the curtains	die Vorhänge aufmachen
dressing gown	der Morgenmantel

shower	die Dusche
to have a shower	sich duschen
to wash your hair	sich die Haare waschen
shampoo	das Shampoo
to wash yourself	sich waschen
soap	die Seife
face cloth	der Waschlappen
to dry yourself	sich abtrocknen
towel	das Handtuch
naked	nackt

to shave	sich rasieren
mirror	der Spiegel
electric shaver	der Rasierapparat
razor	der Rasierer
shaving foam	der Rasierschaum

tap	der Wasserhahn
hot water	das heiße Wasser
cold water	das kalte Wasser
toothpaste	die Zahnpasta
toothbrush	die Zahnbürste
to brush your teeth	sich die Zähne putzen

to dry your hair	sich die Haare föhnen
hairdrier	der Föhn
brush	die Bürste
comb	der Kamm
to comb your hair	sich kämmen
to brush your hair	sich die Haare bürsten

to put on make-up	sich schminken
mascara	die Wimperntusche
face cream	die Gesichtscreme
lipstick	der Lippenstift
perfume	das Parfum

Kleidung

tights (M)	die Strumpfhose
bra	der Büstenhalter
knickers (M)	die Unterhose (Slip)
(swimming) togs (M)	die Badehose
socks	die Socken
vest	das Unterhemd
petticoat	der Unterrock
underpants (M)	die Unterhosen

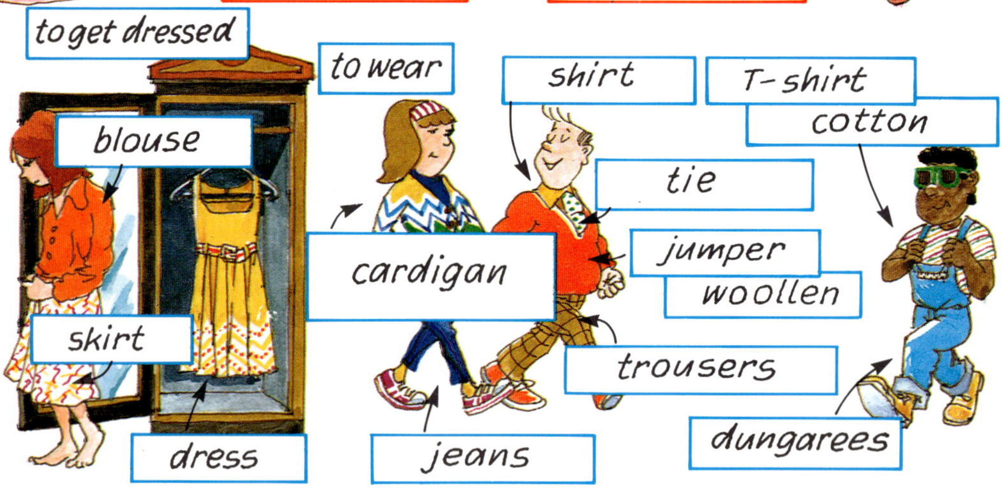

to get dressed	sich anziehen	**tie**	die Krawatte
blouse	die Bluse	**jumper**	der Pullover
skirt	der Rock	**woollen**	aus Wolle
dress	das Kleid	**trousers (M)**	die Hosen
to wear	tragen	**T-shirt**	das T-Shirt
cardigan	die Wolljacke	**cotton**	Baumwolle
jeans (M)	die Jeans	**dungarees (M)**	die Latzhose
shirt	das Hemd		

jewellery	der Schmuck
earrings	die Ohrringe
brooch	die Brosche
bracelet	das Armband
watch	die Armbanduhr
ring	der Ring
wedding ring	der Ehering
necklace	die Halskette

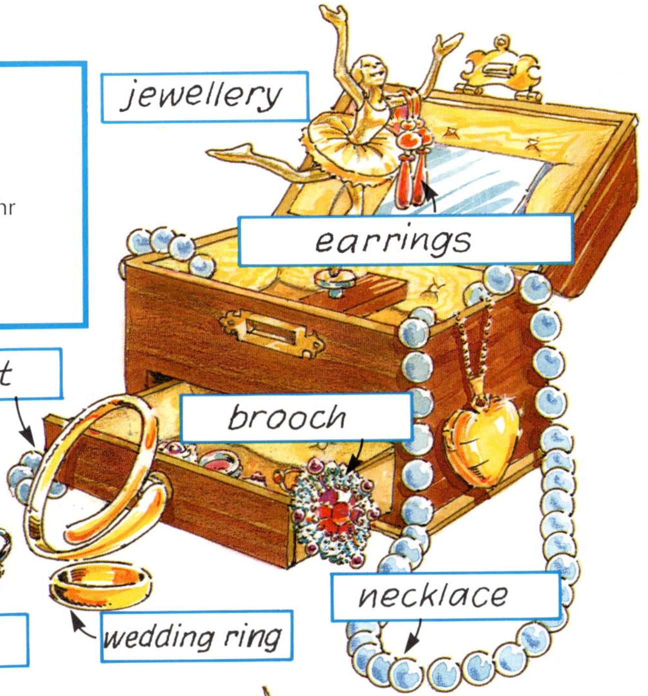

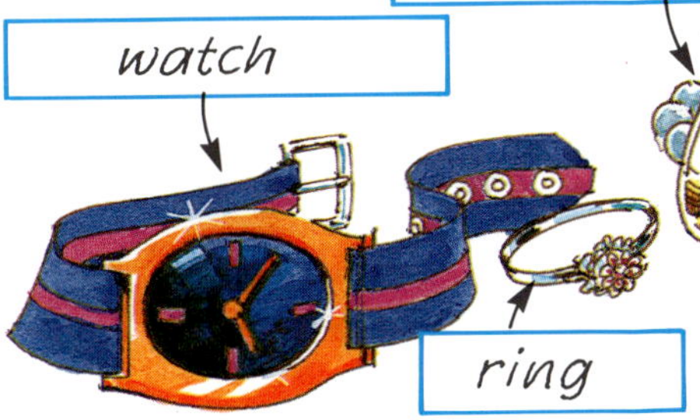

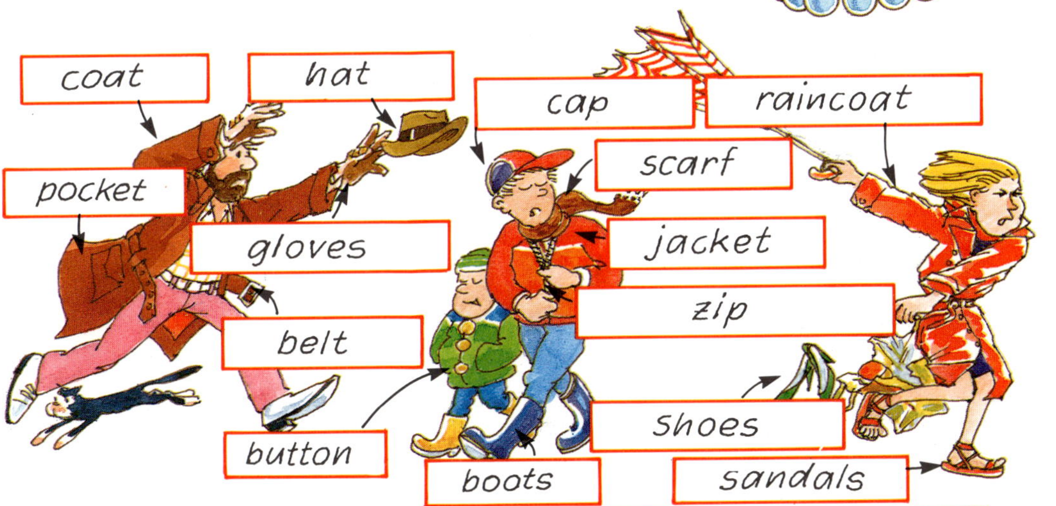

coat	der Mantel	**boots**	die Stiefel
hat	der Hut	**cap**	die Mütze
pocket	die Tasche (in der Kleidung)	**raincoat**	der Regenmantel
		scarf	der Schal
gloves	die Handschuhe	**jacket**	die Jacke
belt	der Gürtel	**zip**	der Reißverschluss
button	der Knopf	**shoes**	die Schuhe
		sandals	die Sandalen

Zu Bett gehen

bedtime	die Schlafenszeit
to switch on (the light)	(das Licht) anmachen
to be sleepy	müde sein
to tidy up	aufräumen
to undress	sich ausziehen

to run a bath	das Wasser einlaufen lassen
to have a bath	sich baden
bath	die Badewanne
plug	Stöpsel
bathrobe	der Bademantel
to splash	spritzen
bathmat	die Badematte
scales (M)	die Waage

to go to bed	ins Bett gehen
pyjamas (M)	der Schlafanzug
nightdress	das Nachthemd
slippers	die Hausschuhe

lullaby	das Schlaflied
to read a story	eine Geschichte vorlesen
cot	das Kinderbett
to fall asleep	einschlafen

Good night!	Gute Nacht!	**bedside table**	der Nachttisch
Sleep well!	Schlaf gut!	**feather bed**	das Federbett
to dream	träumen	**bed**	das Bett
to sleep	schlafen	**to snore**	schnarchen
to switch off (the light)	das Licht ausmachen	**pillow**	das Kopfkissen
		sheet	das Laken
bedside lamp	die Nachttisch-Lampe	**bedspread**	die Tagesdecke

Essen und Trinken

to lay the table	den Tisch decken
It's ready!	Essen ist fertig.
coffee-pot	die Kaffeekanne
teapot	die Teekanne
napkin	die Serviette
glass	das Glas
bowl	die Suppentasse
plate	der Teller
cup	die Tasse
saucer	die Untertasse
tablecloth	die Tischdecke
jug	der Krug
spoon	der Löffel
knife	das Messer
fork	die Gabel

Help yourself!	Bedien dich!
Enjoy your meal!	Guten Appetit!
thirsty	durstig
to drink	trinken
hungry	hungrig
to eat	essen
It tastes good!	Es schmeckt köstlich.
to be full	satt sein

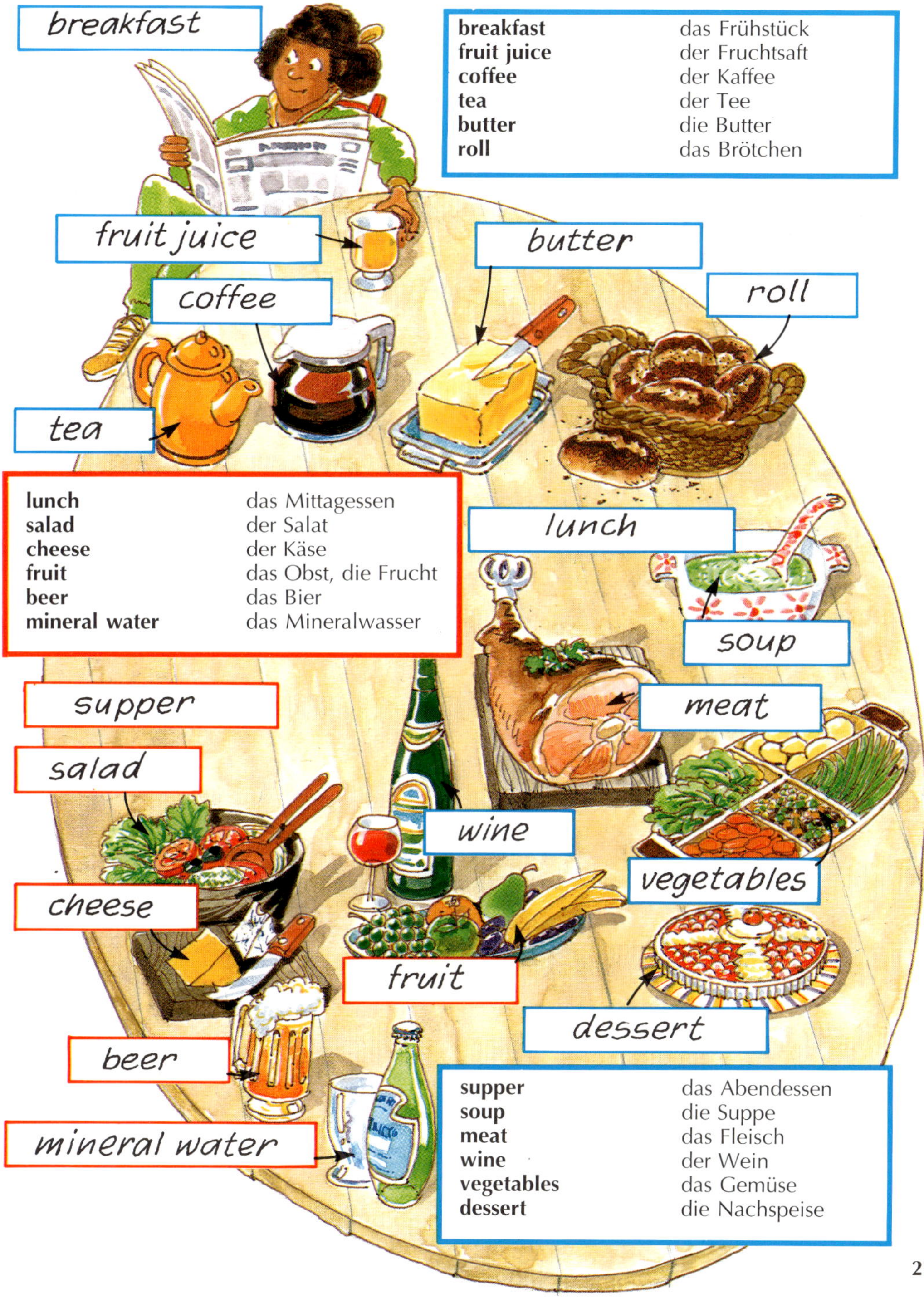

breakfast	das Frühstück
fruit juice	der Fruchtsaft
coffee	der Kaffee
tea	der Tee
butter	die Butter
roll	das Brötchen

lunch	das Mittagessen
salad	der Salat
cheese	der Käse
fruit	das Obst, die Frucht
beer	das Bier
mineral water	das Mineralwasser

supper	das Abendessen
soup	die Suppe
meat	das Fleisch
wine	der Wein
vegetables	das Gemüse
dessert	die Nachspeise

Lebensmittel

meat	das Fleisch
liver sausage	die Leberwurst
salami	die Dauerwurst
leg of lamb	die Lammkeule
pork chop	das Schweinekotelett
chicken	das Hähnchen
steak	das Steak
ham	der Schinken
veal	das Kalbfleisch
sausage	das Würstchen

vegetables	das Gemüse	**cauliflower**	der Blumenkohl
fresh	frisch	**Brussels sprouts (M)**	der Rosenkohl
cabbage	der Kohl	**lettuce**	der Kopfsalat
garlic	der Knoblauch	**raw**	roh
onion	die Zwiebel	**tomato**	die Tomate
pea	die Erbse	**green beans**	grüne Bohnen
carrot	die Karotte	**potato**	die Kartoffel
spinach	der Spinat		

fish	der Fisch
plaice	die Scholle
sea food	die Meeresfrüchte
herring	der Hering
cod	der Kabeljau

fruit	die Frucht, das Obst	**sour**	sauer
grapes	die Trauben	**melon**	die Melone
raspberry	die Himbeere	**cherry**	die Kirsche
strawberry	die Erdbeere	**apricot**	die Aprikose
sweet	süß	**plum**	die Pflaume
banana	die Banane	**apple**	der Apfel
peach	der Pfirsich	**pear**	die Birne
ripe	reif	**orange**	die Apfelsine
lemon	die Zitrone		

Lebensmittel

pasta	die Teigwaren
noodles	die Nudeln
beans	die Bohnen
cream	die Sahne
milk	die Milch
margarine	die Margarine
yoghurt	der Joghurt
honey	der Honig
eggs	die Eier
jam	die Marmelade
sugar	der Zucker
flour	das Mehl

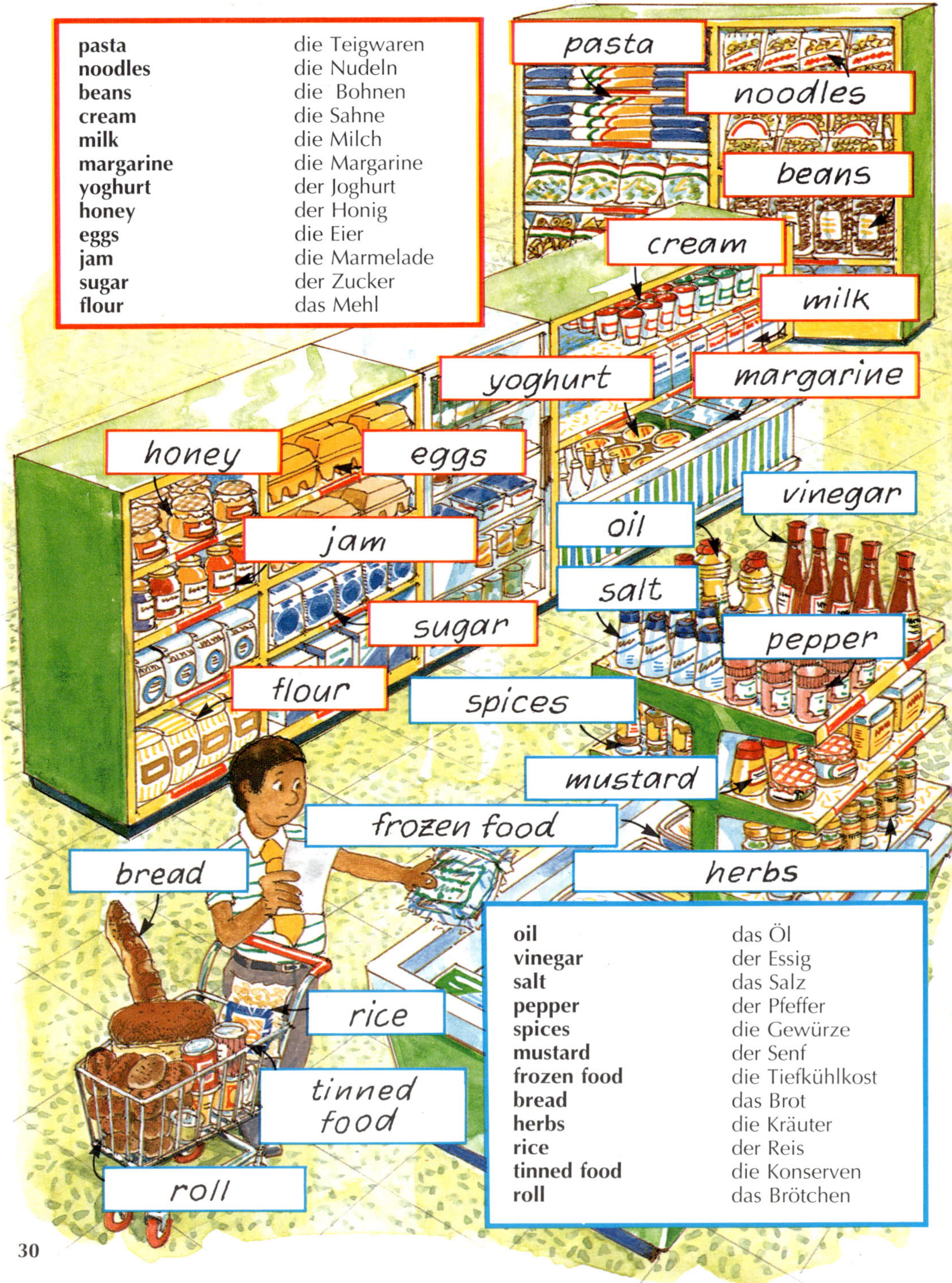

oil	das Öl
vinegar	der Essig
salt	das Salz
pepper	der Pfeffer
spices	die Gewürze
mustard	der Senf
frozen food	die Tiefkühlkost
bread	das Brot
herbs	die Kräuter
rice	der Reis
tinned food	die Konserven
roll	das Brötchen

chocolate	die Schokolade
biscuits	die Kekse
tart	die Obsttorte
doughnut	der Krapfen
cake	der Kuchen
ice-cream	das Eis
pastry	das Gebäck

to cook	kochen
recipe	das Rezept
ingredients	die Zutaten
to mix	verrühren, mischen
to taste	probieren
flavour	der Geschmack
delicious	köstlich

Freizeit

to watch television	fernsehen
channel	der Kanal
programme	das Programm
to listen to the radio	Radio hören
headphones (M)	die Kopfhörer
to tap your feet	mit dem Fuß den Takt schlagen

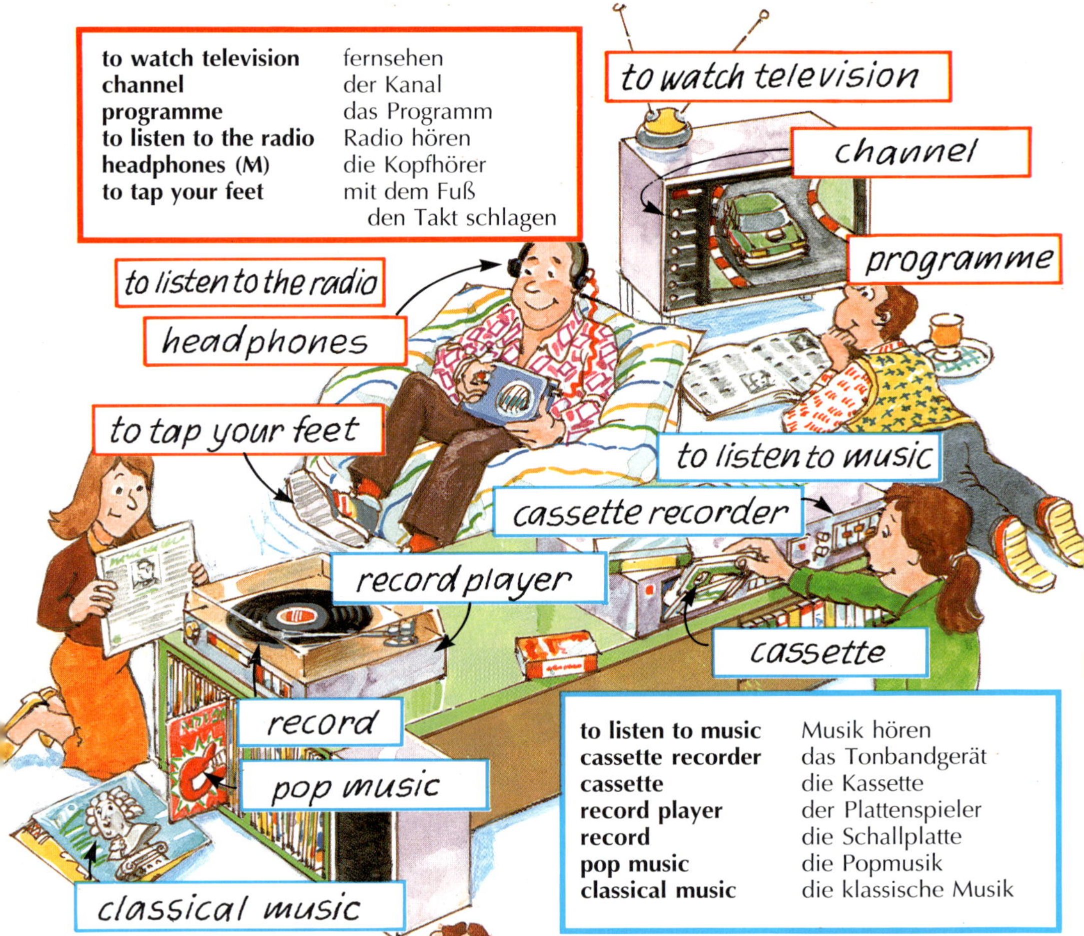

to listen to music	Musik hören
cassette recorder	das Tonbandgerät
cassette	die Kassette
record player	der Plattenspieler
record	die Schallplatte
pop music	die Popmusik
classical music	die klassische Musik

to read	lesen
novel	der Roman
heroine	die Heldin
hero	der Held
newspaper	die Zeitung
magazine	die Zeitschrift
comic	die Bildergeschichte
poetry	die Dichtung

to knit	stricken
knitting needles	die Stricknadeln
pattern	das Muster
wool	die Wolle

to sew	nähen
fabric	der Stoff
scissors (M)	die Schere
thread	der Faden
pin	die Stecknadel
needle	die (Näh-)Nadel
to hem	säumen

to do woodwork	tischlern
skilful	geschickt
saw	die Säge
sandpaper	Sandpapier
hammer	der Hammer
to mend	reparieren
to make things	basteln
screwdriver	der Schraubenzieher

Freizeit

photographer (m/w)	der Fotograf
to take a photo	fotografieren
camera	der Fotoapparat
video camera	die Videokamera
film	der Film
photo(graph)	das Foto
in focus	scharf
out of focus	unscharf

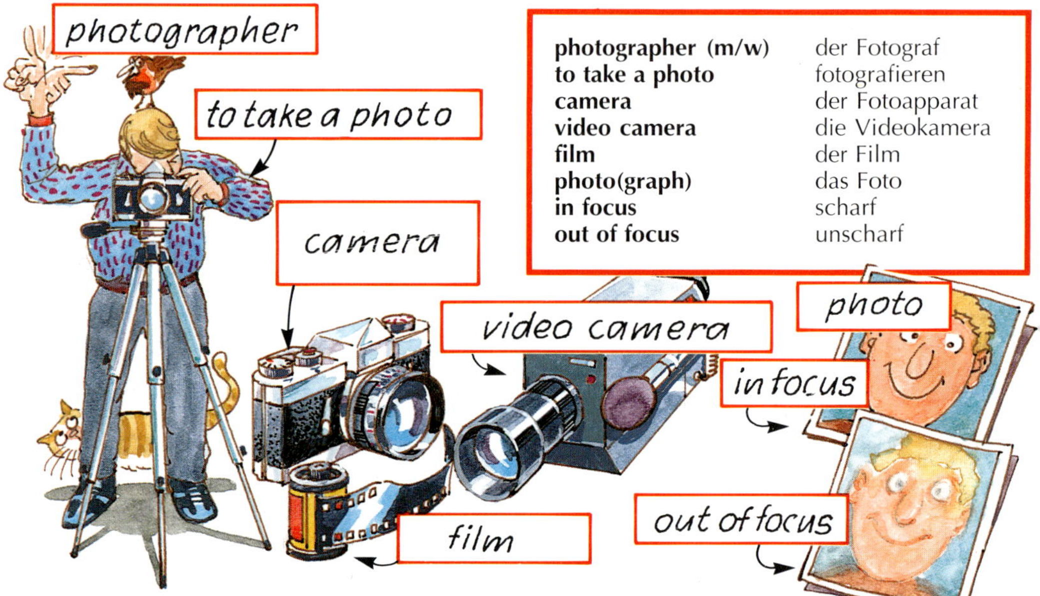

art gallery	die Kunstgalerie	**to paint**	malen
painter (m/w)	der Maler	**brush**	der Pinsel
painting	das Bild	**paint**	die Farbe
exhibition	die Ausstellung		

to sort	sortieren
to stick	kleben
to collect stamps	Briefmarken sammeln
collection	die Sammlung

musician (m/w)	der/die Musiker/in	**drums***	das Schlagzeug
instrument	das Instrument	**trumpet***	die Trompete
violin*	die Geige	**cello***	das Cello
piano*	das Klavier	**orchestra**	das Orchester
guitar*	die Gitarre	**conductor**	der Dirigent

to sing	singen
tune	die Melodie
choir	der Chor
to sing out of tune	falsch singen

games	die Spiele
to play cards	Karten spielen
to play draughts	Dame spielen
to play chess	Schach spielen
board game	das Brettspiel

*»Geige spielen« heißt auf Englisch: **to play the violin,** »Klavier spielen«: **to play the piano**

Ausgehen

cinema	das Kino
to see a film	sich einen Film ansehen
film	der Film
seat	der Sitzplatz
usherette	die Platzanweiserin
box office	die Kasse

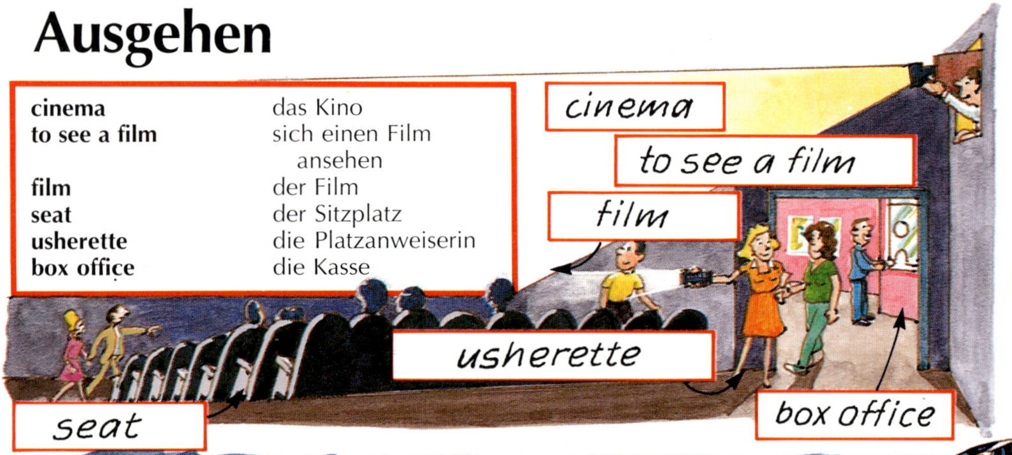

to go to a disco	in die Disko gehen
disc jockey	der Diskjockey
to dance	tanzen
dance floor	die Tanzfläche

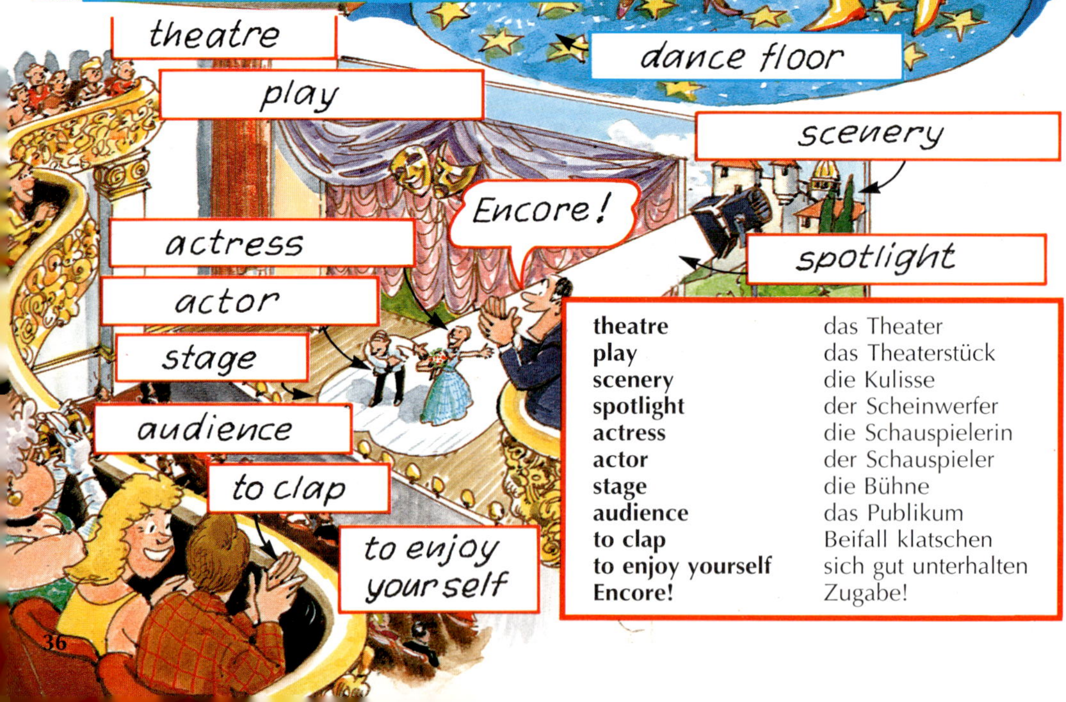

theatre	das Theater
play	das Theaterstück
scenery	die Kulisse
spotlight	der Scheinwerfer
actress	die Schauspielerin
actor	der Schauspieler
stage	die Bühne
audience	das Publikum
to clap	Beifall klatschen
to enjoy yourself	sich gut unterhalten
Encore!	Zugabe!

ballet	das Ballett	**opera**	die Oper
ballet dancer (m/w)	der/die Baletttänzer/in	**singer (m/w)**	der /die Sänger/in
costume	das Kostüm	**famous**	berühmt

restaurant	das Restaurant	**dessert**	die Nachspeise
waiter	der Kellner	**bill**	die Rechnung
menu	die Speisekarte	**Is service included?**	Ist die Bedienung inbegriffen?
What would you like?	Was hätten Sie gern?	**Service not included!**	Die Bedienung ist nicht inbegriffen.
to order	bestellen		
to serve	bedienen	**tip**	das Trinkgeld
starter	die Vorspeise	**tray**	das Tablett
main course	der Hauptgang		

Im Zoo

zoo	der Zoo
animal	das Tier
zebra	das Zebra
giraffe	die Giraffe
polar bear	der Eisbär
elephant	der Elefant
trunk	der Rüssel
tusk	der Stoßzahn
gorilla	der Gorilla
wild	wild
tame	zahm
to feed	füttern
zoo keeper (m/w)	der Wärter

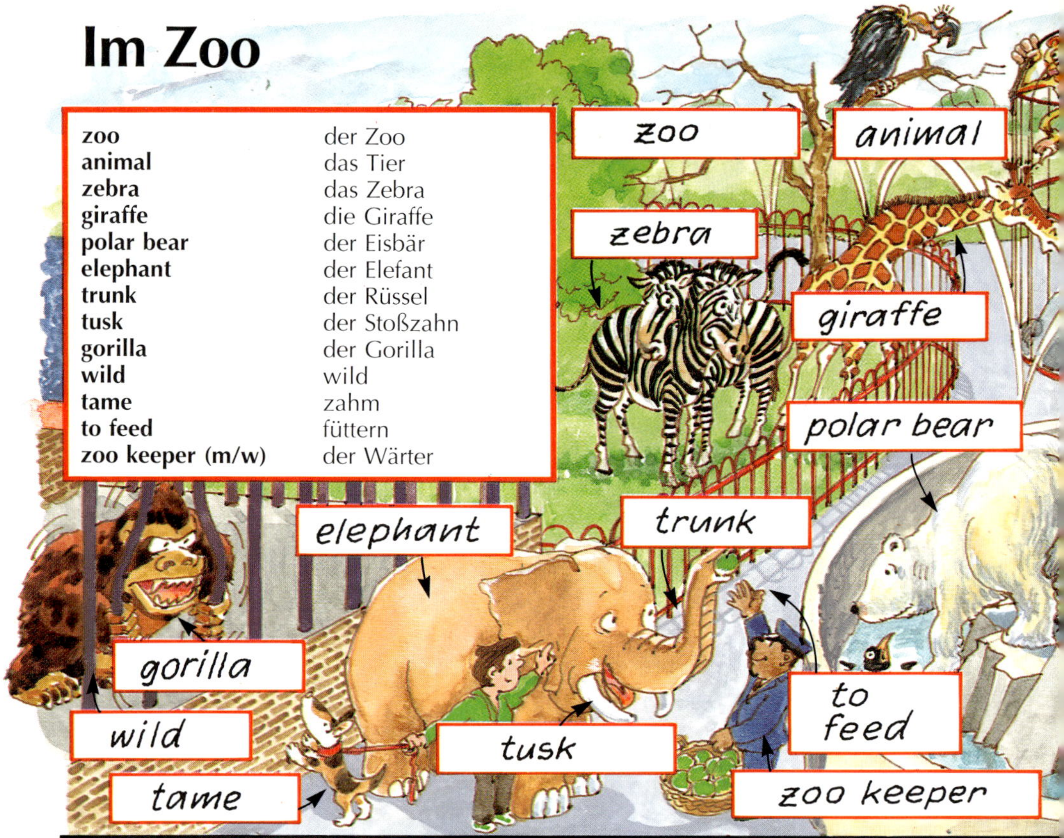

Im Park

park	der Park
pond	der Weiher, Teich
rowing boat	das Ruderboot
to row	rudern
oar	das Ruder
picnic	das Picknick
bench	die Bank
to rest	ausruhen

monkey	der Affe
kangaroo	das Känguru
ostrich	der Strauß
camel	das Kamel
hump	der Höcker
eagle	der Adler
penguin	der Pinguin
hippopotamus	das Nilpferd
cage	der Käfig
lion	der Löwe
to roar	brüllen
tiger	der Tiger
snake	die Schlange

park keeper (m/w)	der (Park-)Wächter
swing	die Schaukel
to keep an eye on	aufpassen, bewachen
to climb	klettern
to dig	buddeln, graben
slide	die Rutschbahn
roundabout	das Karussell
to hang on to	sich hängen an

In der Stadt

city	die Großstadt
suburb	der Vorort
town	die Stadt
cathedral	das Münster, die Kathedrale
river	der Fluss
bridge	die Brücke
skyscraper	der Wolkenkratzer
district	der Bezirk
building	das Gebäude
church	die Kirche
cemetery	der Friedhof

fire station	die Feuerwehrwache
fire engine	das Feuerwehrauto
factory	die Fabrik
town hall	das Rathaus, die Stadtverwaltung
office block	das Bürogebäude
police station	das Polizeirevier
police car	das Polizeiauto
library	die Bibliothek, Leihbücherei

town centre	die Stadtmitte
street	die Straße
narrow	schmal
broad	breit
corner	die Ecke
to cross the street	die Straße überqueren
pedestrian crossing	der Fußgängerüber-gang
pedestrian (m/w)	der Fußgänger
square	der Platz
statue	die Statue
street light	die Straßenlaterne
market place	der Marktplatz
subway	die Unterführung

newspaper stand	der Zeitungsstand, -kiosk
pigeon	die Taube
people	die Menschengruppe
to be in a hurry	es eilig haben
litter bin	der Abfallkorb
pavement	der Bürgersteig
to hurry	sich beeilen
advertisement	die Reklame

Einkaufen

to make a list	eine (Einkaufs-)Liste machen
shopping bag	die Einkaufstasche

shops	die Geschäfte	**chemist**	die Apotheke, die Drogerie
to go shopping	einkaufen gehen	**bookshop**	die Buchhandlung
butcher	der Metzger	**needlecraft shop**	das Kurzwarengeschäft
delicatessen	das Feinkostgeschäft	**florist**	das Blumengeschäft
grocery shop	das Lebensmittelgeschäft	**hairdresser**	der Friseur
bakery	die Bäckerei	**record shop**	das Schallplattengeschäft
cake shop	die Konditorei	**boutique**	das Modegeschäft, die Boutique
fishmonger	das Fischgeschäft		

market shopping	einkaufen auf dem Markt
market stall	der Verkaufsstand
to queue	Schlange stehen

How much is that?	Wie viel kostet das?
That is ...	Das kostet ...
to weigh	wiegen
A kilo of ...	Ein Kilo ...
A pound of ...	Ein Pfund ...

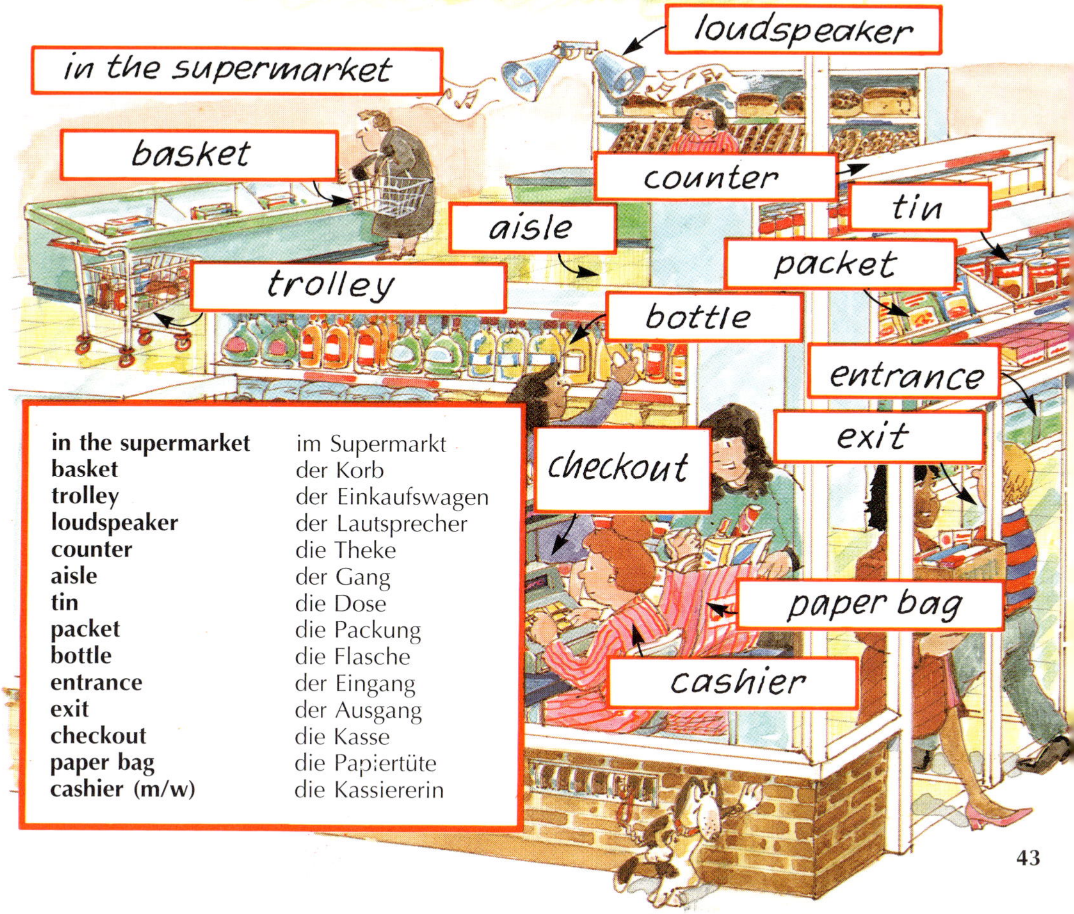

in the supermarket	im Supermarkt
basket	der Korb
trolley	der Einkaufswagen
loudspeaker	der Lautsprecher
counter	die Theke
aisle	der Gang
tin	die Dose
packet	die Packung
bottle	die Flasche
entrance	der Eingang
exit	der Ausgang
checkout	die Kasse
paper bag	die Papiertüte
cashier (m/w)	die Kassiererin

Einkaufen

to go window shopping	einen Schaufensterbummel machen	**bargain**	ein Sonderangebot
shop window	das Schaufenster	**customer (m/w)**	die Kundin
That's good value.	Das ist nicht teuer.	**to buy**	kaufen
That's expensive.	Das ist teuer.	**shop assistant (m/w)**	die Verkäuferin
SALE	AUSVERKAUF	**to sell**	verkaufen

to spend money	Geld ausgeben	**Can I help you?**	Was wünschen Sie?
price	der Preis	**I would like ...**	Ich hätte gerne ...
receipt	die Quittung	**What size is this?**	Was ist das für eine Größe?
small	klein		
medium	mittel	**How much is ...?**	Was kostet ...?
large	groß	**It costs ...**	Das kostet ...

bookshop	die Buchhandlung	**postcard**	die Postkarte
stationer's	das Schreibwarengeschäft	**ball-point pen**	der Kugelschreiber
book	das Buch	**pencil**	der Bleistift
paperback	das Taschenbuch	**writing paper**	das Schreibpapier
envelope	der Briefumschlag		

department store	das Kaufhaus	**toys**	Spielwaren
department	die Abteilung	**furniture**	Möbel
escalator	die Rolltreppe	**sports equipment**	Sportausrüstung
lift	der Aufzug	**clothing**	Kleidung

Post und Bank

post office	die Post (Postamt)	**telegram**	das Telegramm
post-box	der Briefkasten	**form**	das Formular
to post	die Post einwerfen	**stamp**	die Briefmarke
parcel	das Paket	**airmail**	per Luftpost
collection times	die Entleerungszeiten	**address**	die Adresse
to send	schicken	**postal code***	die Postleitzahl

postman	der Briefträger
mail	die Post
to deliver	zustellen, übergeben

*In Großbritannien steht die Hausnummer vor dem Straßennamen und der **postal code** hinter dem Städtenamen.

bank	die Bank	**credit card**	die Kreditkarte
money	das Geld	**to put money in the bank**	Geld einzahlen
to change money	Geld wechseln	**to take money out**	Geld abheben
exchange rate	der Wechselkurs	**cheque-book**	das Scheckheft
bank manager (m/w)	der Bankdirektor	**to write a cheque**	einen Scheck ausstellen
cashier (m/w)	der Kassierer	**wallet**	die Brieftasche
Have you any small change?	Haben Sie Wechselgeld?	**purse**	der Geldbeutel
coin	das Geldstück	**handbag**	die Handtasche
banknote	der Geldschein		

Telefonieren

to telephone*	einen Anruf machen	**to answer the phone**	einen Telefonanruf beantworten
telephone	das Telefon	**Hello ...**	Hallo!
receiver	der Telefonhörer	**Who's speaking?**	Wer spricht?
to pick up the receiver	abnehmen	**It's Alice.**	Hier spricht Alice.
to dial the number	die Nummer wählen	**I'll call you back.**	Ich ruf dich später an.
telephone number	die Telefonnummer	**Good bye!**	Auf Wiederhören.
area code	die Vorwahl	**to hang up**	auflegen
telephone directory	das Telefonbuch		
to ring	klingeln, läuten		

telephone box	die Telefonzelle
emergency	der Notfall
to dial 999	den Notruf wählen

*oft sagt man auch **to make a (tele)phone call** für »telefonieren«

Briefe

to write a letter	einen Brief schreiben	**Please find enclosed ...**	Beiliegend ...
Dear Sir,	Sehr geehrter Herr ...	**by return of post**	postwendend
Dear Madam,	Sehr geehrte Frau ...	**Yours faithfully,**	Mit freundlichen Grüßen ...
Thank you for your letter of ...	Vielen Dank für Ihr Schreiben vom ...		

to open a letter	einen Brief öffnen	**I am sending ... separately**	Mit getrennter Post schicke ich dir ...
Dear Alice,	Liebe Alice,	**Love from ...**	Liebe Grüße von ...
It was lovely to hear from you.	ich habe mich sehr gefreut, von dir zu hören.		

to send a postcard	eine Postkarte schicken	**to send a telegram**	ein Telegramm schicken
Having a lovely time.	Ich verbringe eine schöne Zeit.	**urgent message stop phone home stop**	dringende Mitteilung stop zu Hause anrufen stop
Thinking of you.	Ich denke an dich.		

Unterwegs

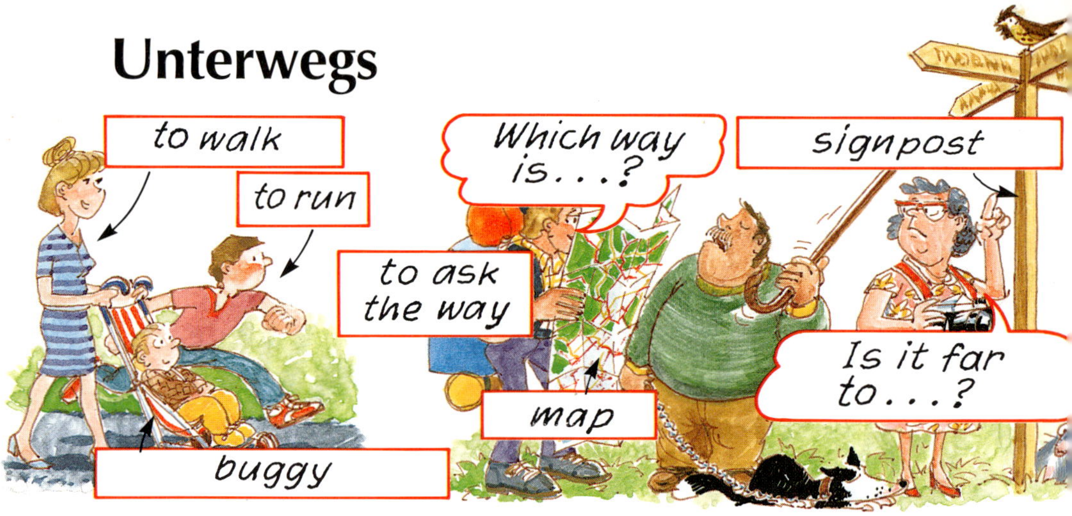

to walk	zu Fuß gehen	**map**	die Landkarte
to run	laufen	**signpost**	der Wegweiser
buggy	der Kinderwagen	**Is it far to ...?**	Ist es weit nach ...?
Which way is ...?	Wo liegt ...? Wo ist ...?		
to ask the way	nach dem Weg fragen		

to take the bus	den Bus nehmen	**bus**	der Bus
passenger	der Fahrgast	**bus stop**	die Bushaltestelle
to get off	aussteigen	**underground station**	die U-Bahn-Station
to get on	einsteigen	**underground**	die U-Bahn
ticket	der Fahrschein		

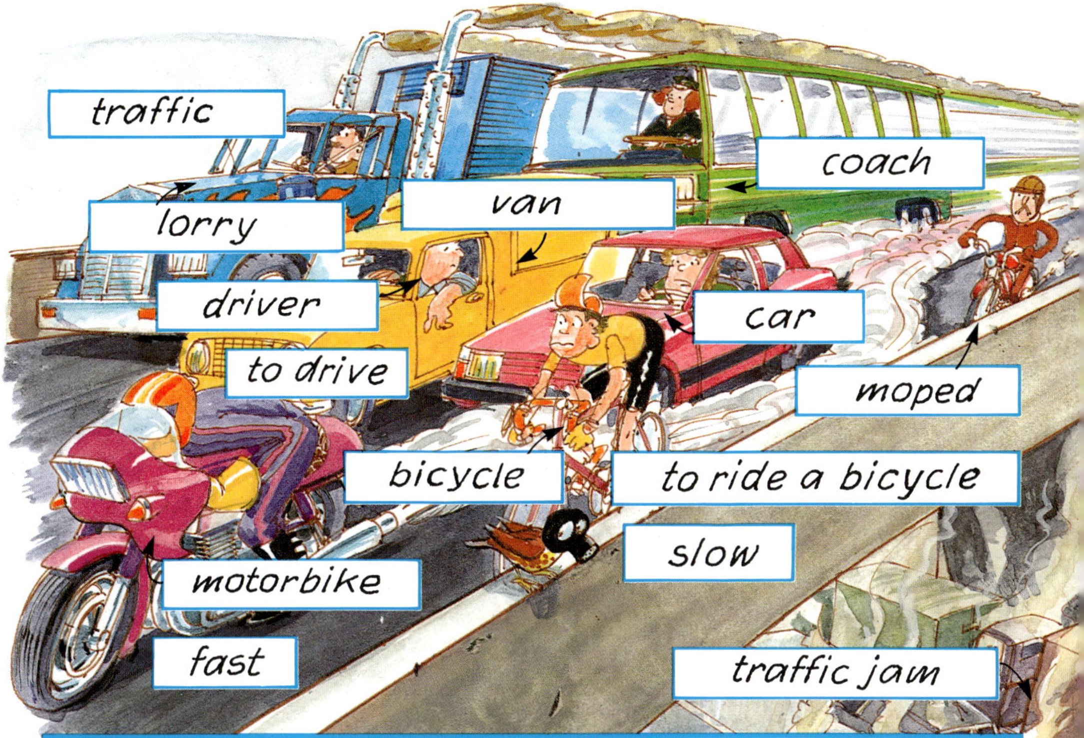

traffic	der Verkehr	**moped**	das Moped
lorry	der Lastwagen	**to ride a bicycle***	Fahrrad fahren
van	der Lieferwagen	**slow**	langsam
coach	der Reisebus	**motorbike**	das Motorrad
driver (m/w)	der Fahrer	**fast**	schnell
to drive	fahren	**traffic jam**	der Verkehrsstau
car	das Auto	**bicycle**	das Fahrrad

taxi rank	der Taxistand
taxi	das Taxi
to hail a taxi	ein Taxi anhalten
fare	der Fahrpreis

*»Rad fahren« heißt auf Englisch **to cycle**

Auto fahren

to start off	anfahren
to accelerate	beschleunigen
to overtake	überholen
to slow down	die Geschwindigkeit verringern
motorway	die Autobahn
traffic lights (M)	die Verkehrsampel
road	die Landstraße
to turn left	links abbiegen
to turn right	rechts abbiegen
to go straight on	geradeaus fahren
street	die Straße
one way street	Einbahnstraße
no entry	Einfahrt verboten

No parking!	Parken verboten	**backwards**	rückwärts
car-park	der Parkplatz	**forwards**	vorwärts
to park	parken		

collision	der Zusammenstoß
steering wheel	das Lenkrad
windscreen	die Windschutzscheibe
safety belt	der Sicherheitsgurt
indicator	der Blinker
headlight	der Scheinwerfer
bonnet	die Motorhaube
boot	der Kofferraum
number plate	das Nummernschild
rim	die Felge
tyre	der Reifen
horn	die Hupe

to have a flat tyre	einen Platten haben
to have a breakdown	eine Panne haben
mechanic (m/w)	der Mechaniker
oil	das Öl
petrol station	die Tankstelle
to fill up with petrol	tanken
petrol	das Benzin

Eisenbahn fahren

station	der Bahnhof	**The train to ...**	der Zug nach ...
porter	der Gepäckträger	**The train from ...**	der Zug aus ...
left luggage office	die Gepäckaufbewahrung	**ticket office**	der Fahrkartenschalter
ticket collector (m/w)	der Kontrolleur	**ticket**	die Fahrkarte
waiting-room	der Wartesaal	**return ticket**	die Rückfahrkarte
barrier	die Sperre	**monthly ticket**	die Monatskarte
traveller (m/w)	der Reisende	**ticket machine**	der Fahrkartenautomat
timetable	der Fahrplan	**platform ticket**	die Bahnsteigkarte
		to reserve a seat	einen Sitzplatz reservieren

railway	die Eisenbahn	**carriage**	der Waggon
train	der Zug	**to catch the train**	den Zug erwischen
first class	1. Klasse	**to miss the train**	den Zug verpassen
second class	2. Klasse	**engine**	die Lokomotive
to be late	Verspätung haben	**track**	das Gleis
to be on time	pünktlich ankommen	**platform**	der Bahnsteig
sleeping-car	der Schlafwagen	**guard**	der Aufsichtsbeamte
buffet car	der Speisewagen		

fast train	der Schnellzug
goods train	der Güterzug
seat	der Sitzplatz
reserved seat	reservierter Platz
luggage-rack	das Gepäcknetz
No smoking	Rauchen verboten

Reisen mit Flugzeug und Schiff

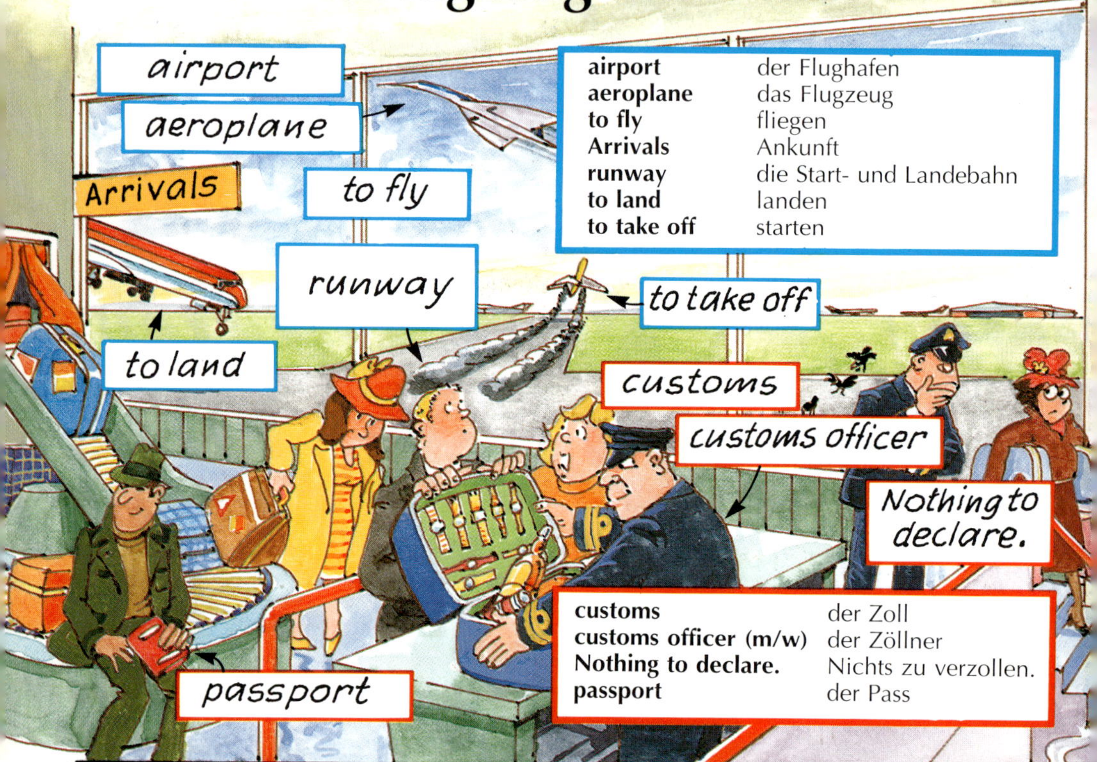

airport	der Flughafen
aeroplane	das Flugzeug
to fly	fliegen
Arrivals	Ankunft
runway	die Start- und Landebahn
to land	landen
to take off	starten

customs	der Zoll
customs officer (m/w)	der Zöllner
Nothing to declare.	Nichts zu verzollen.
passport	der Pass

port	der Hafen	**anchor**	der Anker
to travel by boat	mit dem Schiff fahren	**cabin**	die Kabine
ship	das Schiff	**deck**	das Deck
liner	der Überseedampfer	**funnel**	der Schornstein
flag	die Flagge	**captain**	der Kapitän
porthole	das Bullauge	**gangway**	die Gangway

Departures	Abflug	**crew**	die Besatzung
duty-free-shop	der Dutyfreeshop	**air hostess**	die Stewardess
to check in	einchecken	**to board**	ins Flugzeug steigen
airline ticket	das Flugticket	**suitcase**	der Koffer
label	der Kofferanhänger	**hand luggage**	das Handgepäck
trolley	der Gepäckwagen	**Fasten your seatbelts!**	Bitte anschnallen!
pilot	der Pilot		

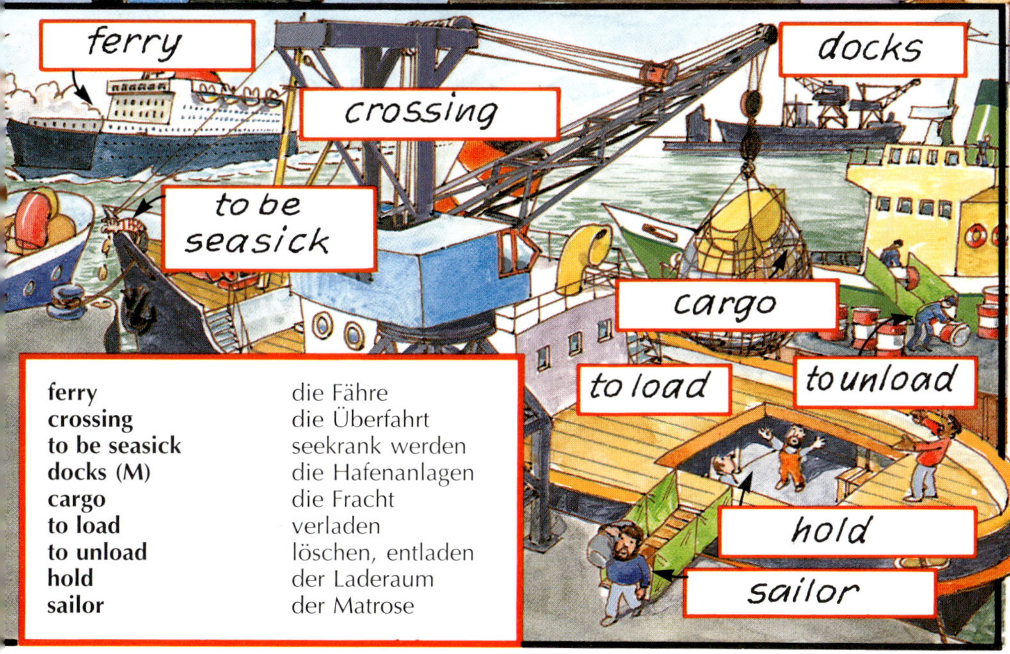

ferry	die Fähre
crossing	die Überfahrt
to be seasick	seekrank werden
docks (M)	die Hafenanlagen
cargo	die Fracht
to load	verladen
to unload	löschen, entladen
hold	der Laderaum
sailor	der Matrose

Ferien

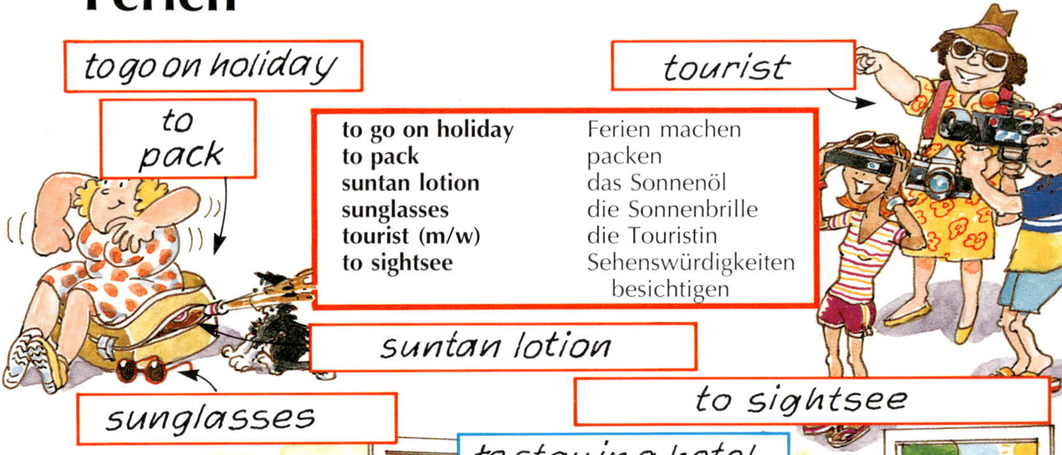

to go on holiday	Ferien machen
to pack	packen
suntan lotion	das Sonnenöl
sunglasses	die Sonnenbrille
tourist (m/w)	die Touristin
to sightsee	Sehenswürdigkeiten besichtigen

hotel	das Hotel	**to reserve a room**	ein Zimmer bestellen
to stay in a hotel	in einem Hotel übernachten	**fully booked**	besetzt sein
reception	der Empfang	**with shower**	mit Dusche
porter	der Hausdiener	**with balcony**	mit Balkon
single room	das Einzelzimmer	**guest house**	die Pension, das Gästehaus
double room	das Doppelzimmer		

at the seaside	am Strand
seagull	die Möwe
lifeguard	der Rettungsschwimmer
wave	die Welle
powerboat	das Motorboot
to waterski	Wasserski fahren
to windsurf	windsurfen
to swim	schwimmen
to paddle	planschen
sea	das Meer
sand	der Sand
beach	der Strand

to sunbathe	sonnenbaden
tanned	gebräunt
sunshade	der Sonnenschirm
sandcastle	die Sandburg
bucket	der Eimer
spade	die Schaufel

rock	der Felsen
seaweed	der Seetang
crab	der Krebs
shell	die Muschel

Ferien

to go mountaineering	bergsteigen
mountain	der Berg
summit	der Gipfel
view	der Blick, das Panorama
steep	steil
to climb	klettern
climber (m/w)	der Bergsteiger
rucksack	der Rucksack

to go skiing	Ski fahren
ski resort	das Skigebiet
chairlift	der Sessellift
ski instructor	der Skilehrer
ski slope	die Piste
sledge	der Schlitten
ski pole	der Skistock
ski boots	die Skistiefel
skis	die Skier

to camp	zelten
campsite	der Campingplatz
caravan	der Wohnwagen
tent	das Zelt
to pitch a tent	das Zelt aufbauen
stove	der Spirituskocher
sleeping bag	der Schlafsack

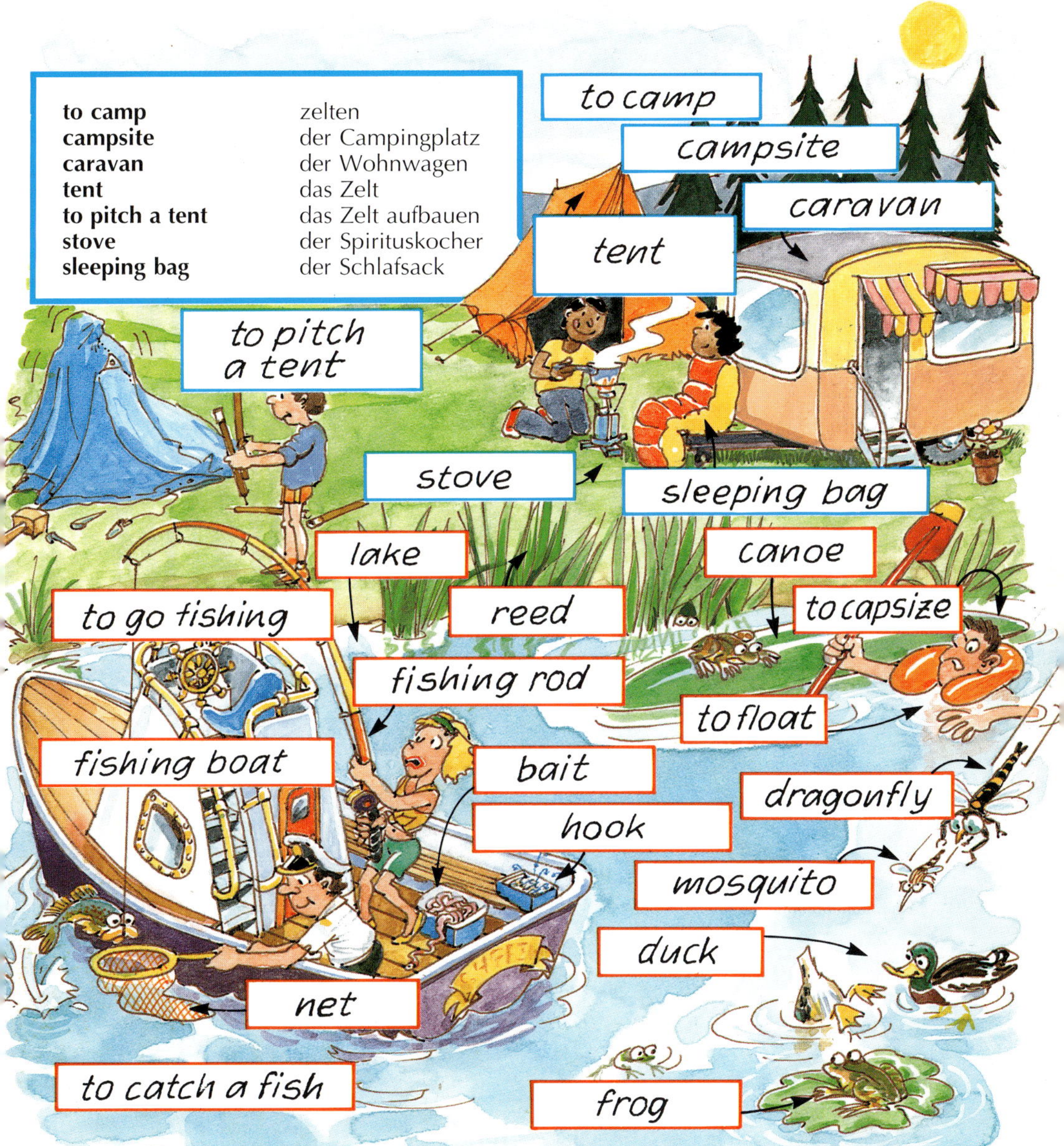

lake	der See	**to catch a fish**	einen Fisch fangen
reed	das Schilf	**canoe**	das Kanu
to go fishing	angeln gehen	**to capsize**	umkippen
fishing rod	die Angelrute	**to float**	treiben
fishing boat	das Fischerboot	**dragonfly**	die Libelle
bait	der Köder	**mosquito**	die Mücke
hook	der Angelhaken	**duck**	die Ente
net	das Netz	**frog**	der Frosch

Auf dem Land

village	das Dorf
landscape	die Landschaft
peaceful	friedlich
countryside	das Land
cottage	das Häuschen
to go for a walk	spazieren gehen

path	der Weg
stream	der Bach
meadow	die Wiese
rabbit	das Kaninchen
mole	der Maulwurf
to climb a tree	auf einen Baum klettern
wild flowers	die Wiesenblumen
to pick flowers	Blumen pflücken
bunch of flowers	ein Blumenstrauß
daisy	das Gänseblümchen
buttercup	die Butterblume

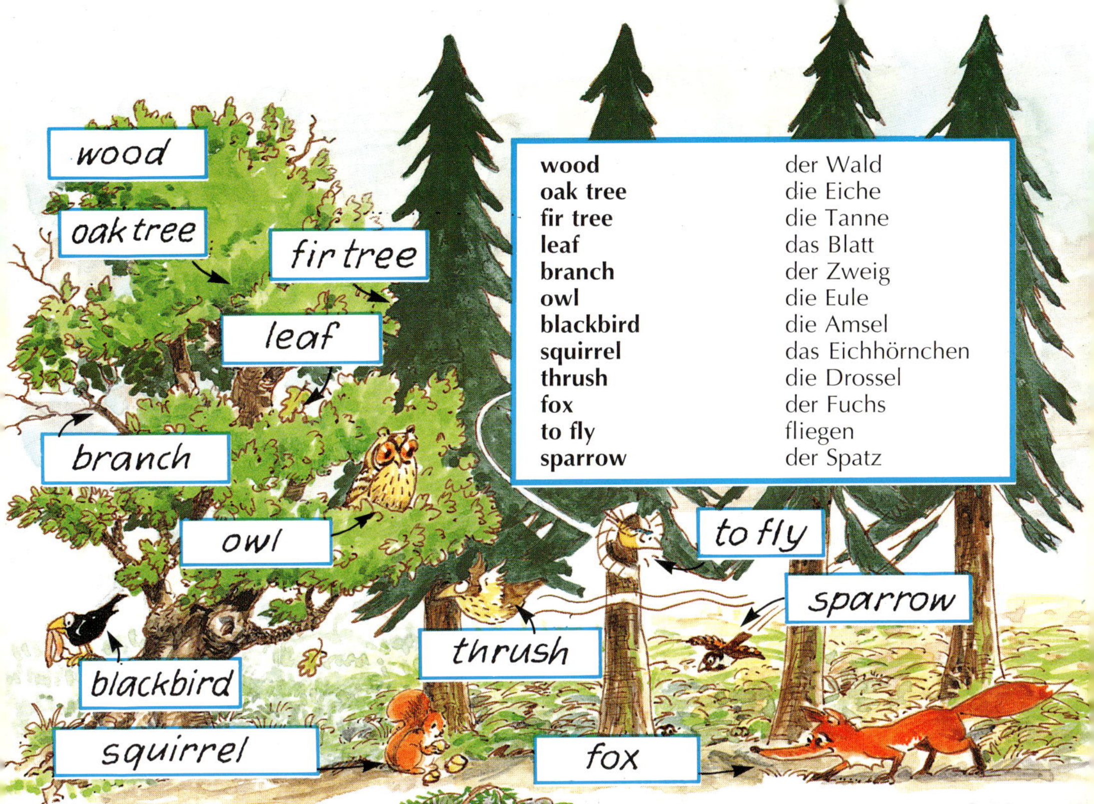

wood	der Wald
oak tree	die Eiche
fir tree	die Tanne
leaf	das Blatt
branch	der Zweig
owl	die Eule
blackbird	die Amsel
squirrel	das Eichhörnchen
thrush	die Drossel
fox	der Fuchs
to fly	fliegen
sparrow	der Spatz

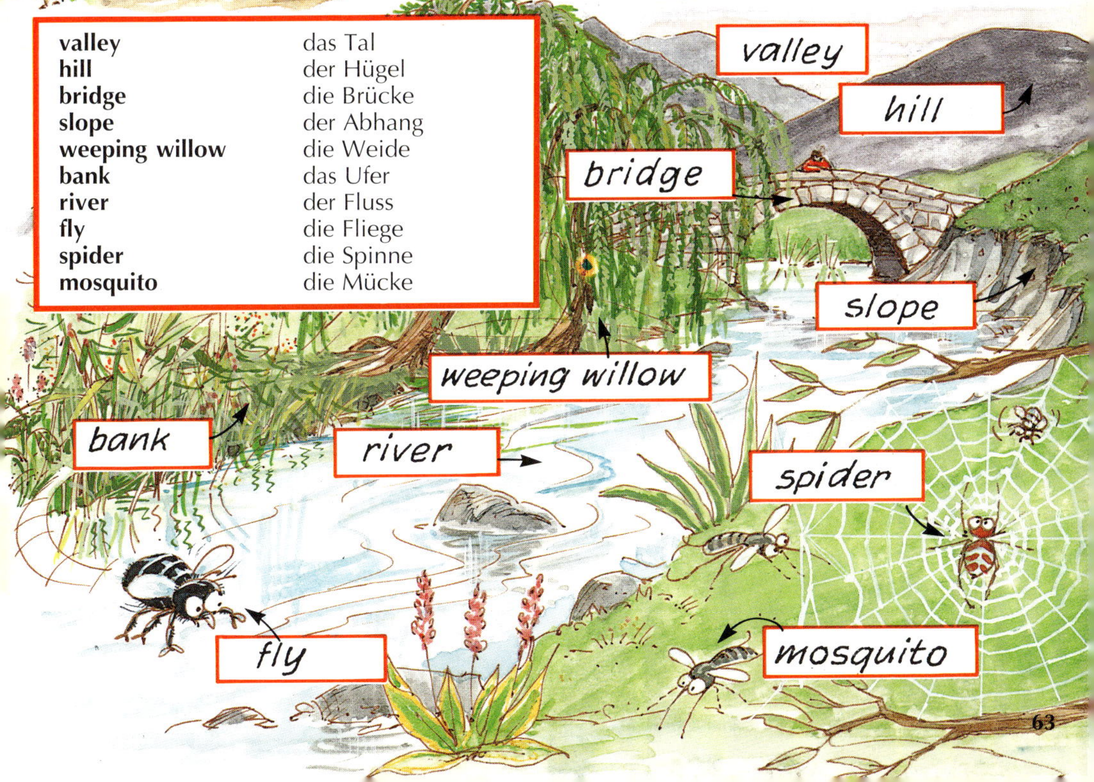

valley	das Tal
hill	der Hügel
bridge	die Brücke
slope	der Abhang
weeping willow	die Weide
bank	das Ufer
river	der Fluss
fly	die Fliege
spider	die Spinne
mosquito	die Mücke

Auf dem Bauernhof

farm	der Bauernhof	**ladder**	die Leiter
cowshed	der Kuhstall	**farmhouse**	das Gehöft
stable	der Pferdestall	**farmyard**	der Hof
horse	das Pferd	**hen**	das Huhn
barn	die Scheune	**cock**	der Hahn
hay	das Heu	**henhouse**	der Hühnerstall
cow	die Kuh	**to lay eggs**	Eier legen
to milk the cows	melken	**farmer (m/w)**	die Bäuerin
calf	das Kalb	**goose**	die Gans
donkey	der Esel	**goat**	die Ziege
pig	das Schwein		

field	das Feld
flock	die Herde
sheep (M)	das Schaf
lamb	das Lamm
farmer	der Bauer
gate	das Tor
sheepdog	der Schäferhund

vineyard	der Weinberg
vine	der Rebstock
to harvest	ernten
strawstack	der Strohhaufen
grain	das Getreide
to sow	säen

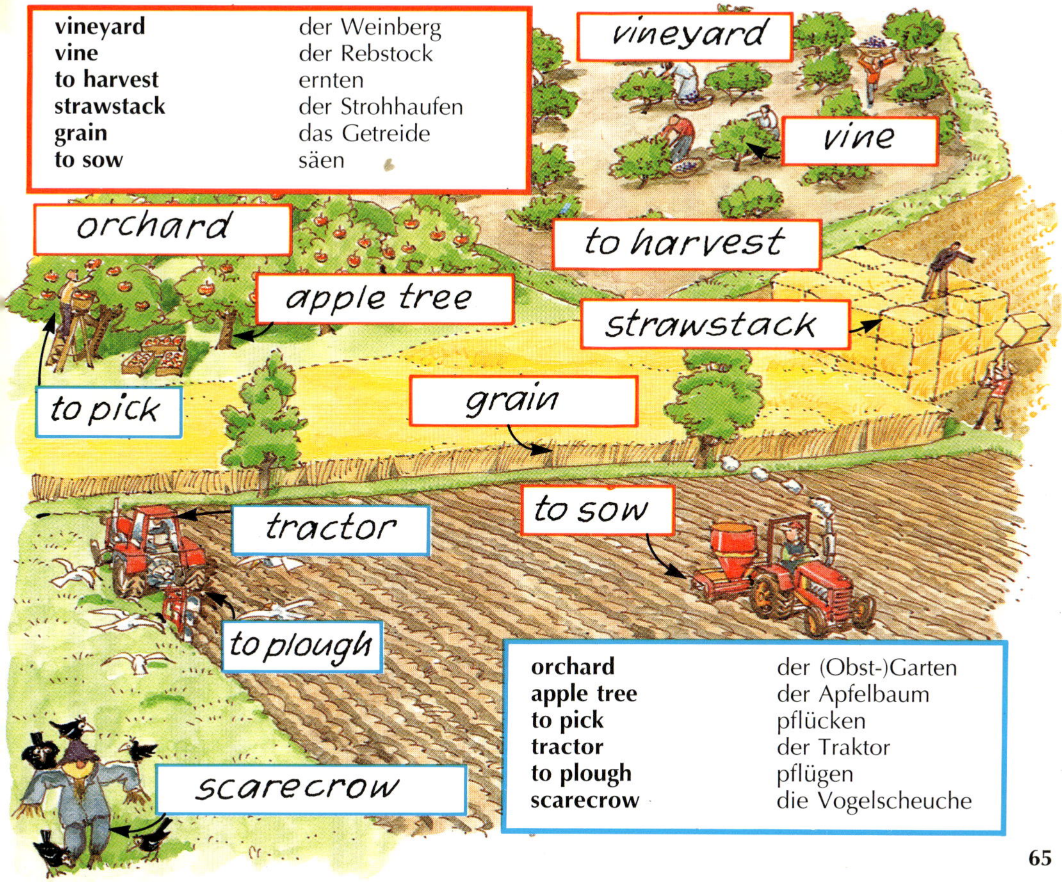

orchard	der (Obst-)Garten
apple tree	der Apfelbaum
to pick	pflücken
tractor	der Traktor
to plough	pflügen
scarecrow	die Vogelscheuche

Bei der Arbeit

to go to work	zur Arbeit gehen	**lunch hour**	die Essenszeit
to be late	zu spät kommen	**overtime**	Überstunden
to be on time	pünktlich kommen		

office	das Büro	**hard-working**	fleißig
boss (m/w)	die Chefin	**lazy**	faul
secretary (m/w)	die Sekretärin	**to retire**	in Rente gehen
to employ someone	jemanden einstellen	**to fire someone**	jemanden entlassen
employee (m/w)	der Angestellte		

profession	der Beruf
builder (m/w)	der Maurer
plumber (m/w)	der Klempner
architect (m/w)	der Architekt

judge (m/w)	der Richter
lawyer (m/w)	die Rechtsanwältin
journalist (m/w)	die Journalistin
policeman*	der Polizist

vicar	der Pfarrer
photographer (m/w)	der Fotograf
shopkeeper (m/w)	die Ladenbesitzerin
sales representative (m/w)	der Handelsvertreter

sailor	der Matrose
soldier	der Soldat
designer (m/w)	die Designerin
hairdresser (m/w)	der Friseur
model (m/w)	das Fotomodell, das Mannequin

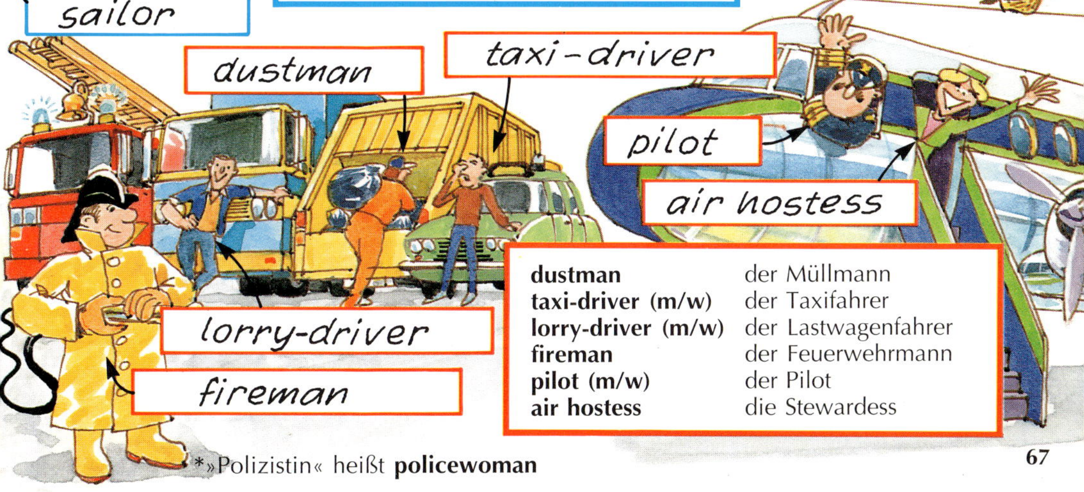

dustman	der Müllmann
taxi-driver (m/w)	der Taxifahrer
lorry-driver (m/w)	der Lastwagenfahrer
fireman	der Feuerwehrmann
pilot (m/w)	der Pilot
air hostess	die Stewardess

*»Polizistin« heißt **policewoman**

Krankheit und Gesundheit

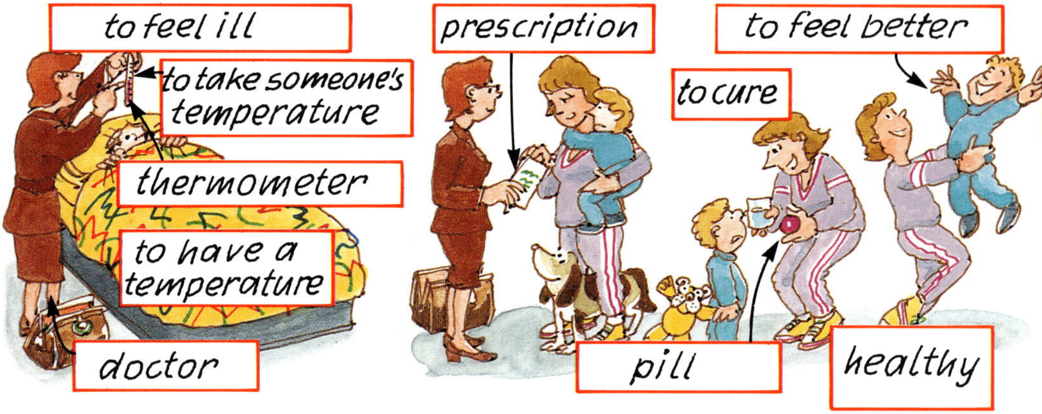

to feel ill	sich schlecht, krank fühlen	**doctor (m/w)**	die Ärztin
to take someone's temperature	Fieber messen	**prescription**	das Rezept
thermometer	das Thermometer	**to cure**	heilen
to have a temperature	Fieber haben	**pill**	die Tablette
		to feel better	sich besser fühlen
		healthy	gesund

to have a cold	eine Erkältung haben
to sneeze	niesen
to faint	in Ohnmacht fallen
to have stomach ache	Magenschmerzen haben
to vomit	(sich er-)brechen
to have a headache	Kopfschmerzen haben

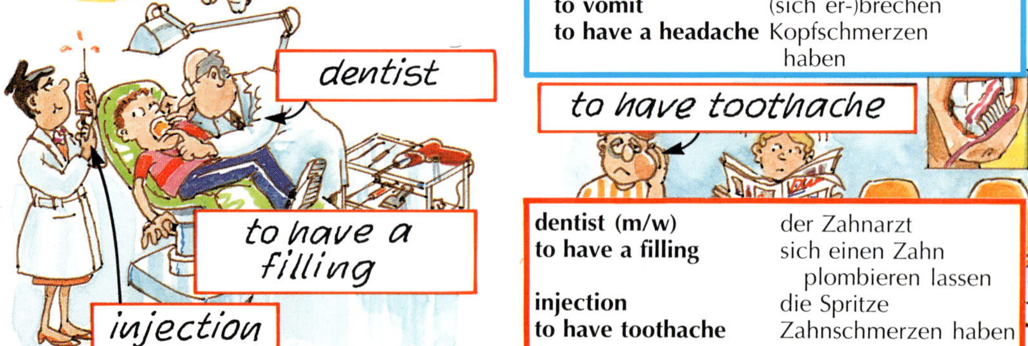

dentist (m/w)	der Zahnarzt
to have a filling	sich einen Zahn plombieren lassen
injection	die Spritze
to have toothache	Zahnschmerzen haben

hospital	das Krankenhaus	**burn**	die Verbrennung
casualty department	die Notaufnahme	**to sprain your wrist**	sich das Handgelenk verstauchen
to break your leg	sich das Bein brechen	**sticking plaster**	das Heftpflaster
bruise	die Prellung	**bandage**	die Binde
wound	die Schnittwunde		

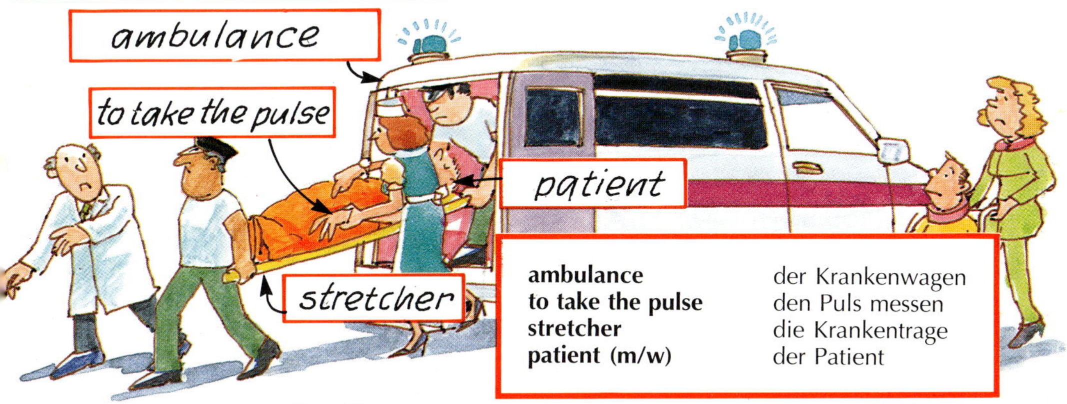

ambulance	der Krankenwagen
to take the pulse	den Puls messen
stretcher	die Krankentrage
patient (m/w)	der Patient

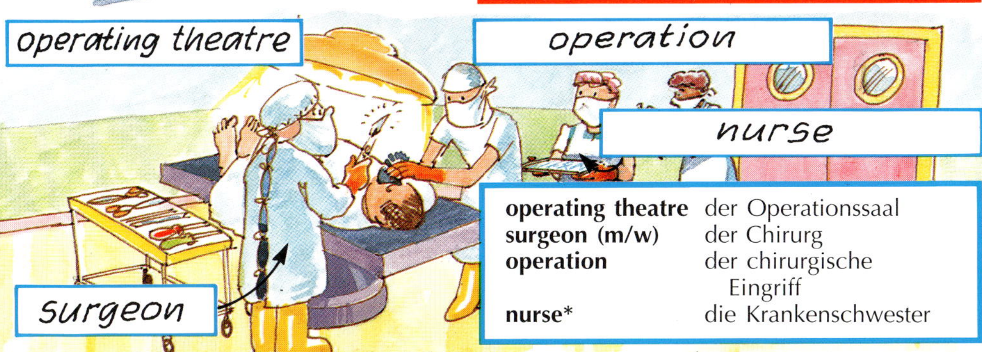

operating theatre	der Operationssaal
surgeon (m/w)	der Chirurg
operation	der chirurgische Eingriff
nurse*	die Krankenschwester

*»Krankenpfleger« heißt **male nurse**

Schule und Ausbildung

nursery school	der Kindergarten	**secondary school**	die weiterführende* Schule
primary school	die Grundschule		
headmaster	der Direktor (hier: der Rektor)	**headmistress**	die Direktorin
		university	die Universität

at school	in der Schule	**easy**	leicht
classroom	das Klassenzimmer	**difficult**	schwer
map	die Landkarte	**blackboard**	die Tafel
lesson	der Unterricht	**chalk**	die Kreide
teacher (m/w)	der Lehrer	**to read**	lesen
to teach	unterrichten, lehren	**to write**	schreiben
pupil (m/w)	der Schüler	**to ask a question**	fragen
to learn	lernen		

*Hauptschule, Realschule und Gymnasium

satchel	die Schultasche
copy book	das Heft
pencil case	das Federmäppchen
pen	der Füller
ball-point pen	der Kugelschreiber
pencil	der Bleistift
rubber	der Radiergummi
ruler	das Lineal

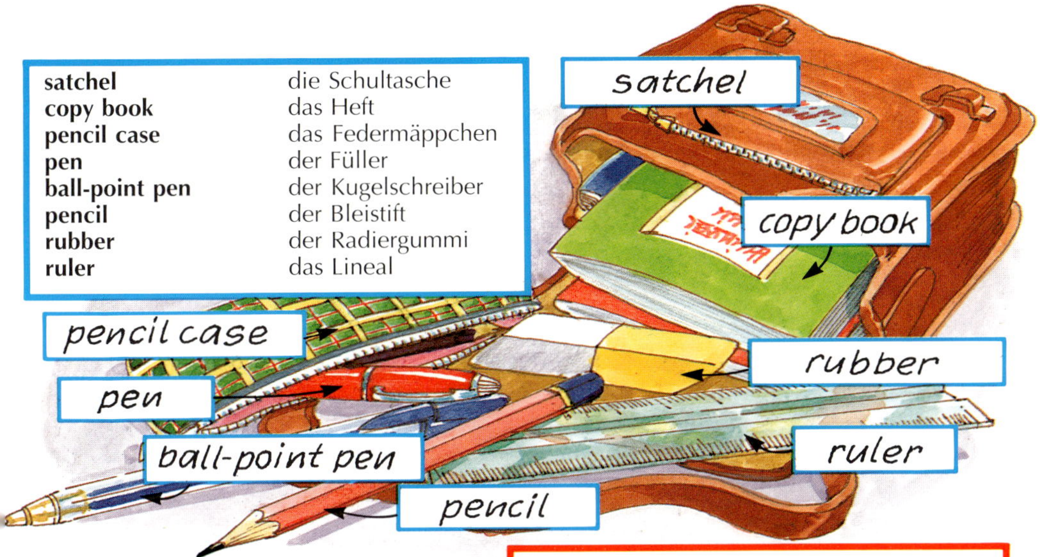

at nursery school	im Kindergarten
toy	das Spielzeug
coloured pencils	die Farbstifte
picture book	das Bilderbuch
to play	spielen

school yard	der Schulhof
break	die Pause
bell	die Glocke
cloakroom	die Garderobe

Schule und Ausbildung

school year	das Schuljahr	**German**	Deutsch
beginning of term*	der Beginn des Schuljahres	**Maths**	Mathematik
end of term	das Ende des Schuljahres	**Physics**	Physik
timetable	der Stundenplan	**Chemistry**	Chemie
subject	das Fach	**Biology**	Biologie
Spanish	Spanisch	**History**	Geschichte
French	Französisch	**Geography**	Geographie
English	Englisch	**Music**	Musik
		Computer studies	Informatik
		PE (= physical education)	Turnen

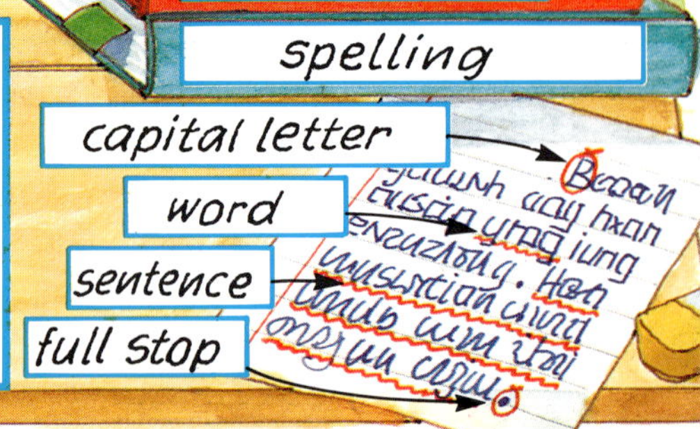

letter	der Buchstabe
alphabet	das Alphabet
grammar	die Grammatik
spelling	die Rechtschreibung
capital letter	der Großbuchstabe
word	das Wort
sentence	der Satz
full stop	der Punkt

*Das Schuljahr besteht aus zwei oder drei **terms.**

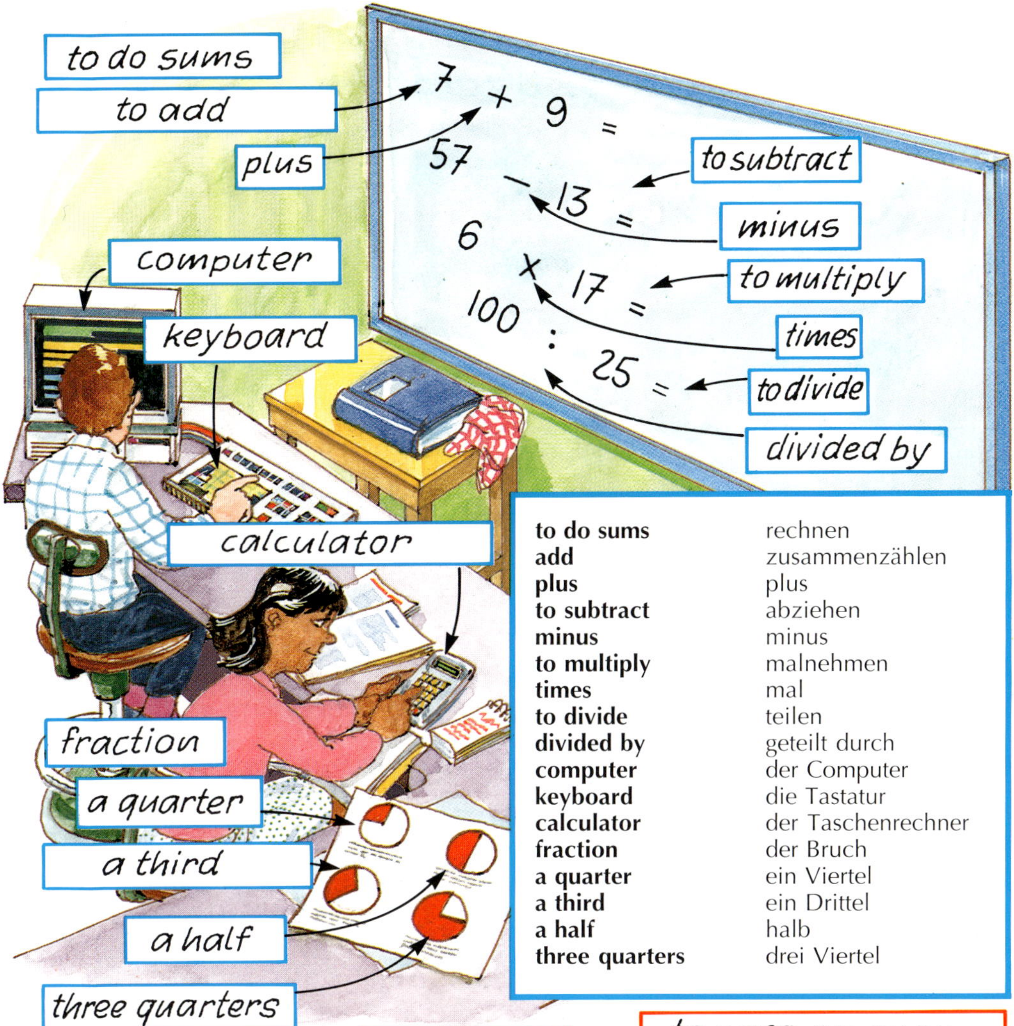

to do sums	rechnen
add	zusammenzählen
plus	plus
to subtract	abziehen
minus	minus
to multiply	malnehmen
times	mal
to divide	teilen
divided by	geteilt durch
computer	der Computer
keyboard	die Tastatur
calculator	der Taschenrechner
fraction	der Bruch
a quarter	ein Viertel
a third	ein Drittel
a half	halb
three quarters	drei Viertel

student* **(m/w)**	die Studentin
to study	studieren
exam	die Prüfung
to sit an exam	Prüfung machen
Good luck!	Viel Glück!
to pass an exam	eine Prüfung bestehen
to fail an exam	durch eine Prüfung fallen

*__students__ nennt man auch ältere Schüler

Formen und Maße

shape	die Form
circle	der Kreis
square	das Quadrat
triangle	das Dreieck
cone	der Kegel
rectangle	das Rechteck

huge	riesig
big	groß
small	klein
tiny	winzig

height	die Höhe
to measure	messen
metre	der Meter
centimetre	der Zentimeter
length	die Länge
width	die Breite

volume	das Volumen	**weight**	das Gewicht
litre	der Liter	**kilo**	das Kilo
half a litre	ein halber Liter	**half a kilo**	ein halbes Kilo

Zahlen

hundred
100
thousand
1000
million
1000 000
ninety nine 99
ninety 90
eighty one 81
eighty 80
seventy two 72
seventy one 71
seventy 70
sixty 60
fifty 50
forty 40
thirty two 32
thirty one 31
thirty 30
eleven 11
twelve 12
thirteen 13
fourteen 14
fifteen 15
ten 10
sixteen 16
seventeen 17
twenty two 22
21 twenty one
eighteen 18
nineteen 19
twenty 20
nine 9
eight 8
seven 7
six 6
five 5
four 4
three 3
two 2
one 1
zero 0

Sport

to be fit	sich fit halten	**headband**	das Stirnband
to exercise	trainieren	**tennis shoes**	die Tennisschuhe
to jog	joggen	**tracksuit**	der Trainingsanzug

to play tennis	Tennis spielen	**net**	das Netz
tennis court	der Tennisplatz	**ball**	der Tennisball
player (m/w)	der Tennisspieler	**racket**	der Tennisschläger
to serve	aufschlagen	**to play golf**	Golf spielen
In!	Gut!	**golf club**	der Golfschläger
Out!	Aus!	**to play squash**	Squash spielen

to play football	Fußball spielen
referee	der Schiedsrichter
team	die Mannschaft
pitch	der Fußballplatz
goalkeeper	der Torwart
football	der Fußball
to score a goal	ein Tor schießen

swimming pool	das Schwimmbad	**to do the breast-stroke**	brustschwimmen
to swim	schwimmen	**to do the crawl**	kraulen
to do the back-stroke	rückenschwimmen	**to dive**	springen
		diving board	das Sprungbrett

horse racing	das Pferderennen
motor racing	das Autorennen
gymnastics (E)	das Turnen
athletics (M)	die Leichtathletik

Feste und Feiertage

birthday	der Geburtstag
party	das Fest
balloon	der Luftballon
Happy Birthday!	Herzlichen Glückwunsch!
to invite	einladen
to have fun	sich vergnügen
cake	der Kuchen
candle	die Kerze
birthday card	die Glückwunschkarte
present	das Geschenk
wrapping	die Verpackung

Easter	Ostern
Christmas	Weihnachten
Christmas Day	der Weihnachtstag
Christmas Eve	der Heilige Abend
Christmas tree	der Weihnachtsbaum

to get engaged	sich verloben
wedding	die Hochzeit
to marry	heiraten
bridegroom	der Bräutigam
bride	die Braut
guest	der Gast
to congratulate	gratulieren
bouquet	der Blumenstrauß
to be happy	glücklich sein
honeymoon	die Flitterwochen

Merry Christmas!	Frohe Weihnachten!
Christmas carol	das Weihnachtslied
to give (a present)	schenken
to receive	erhalten, bekommen
Thanks very much!	Vielen Dank!
to thank	danken

New Year's Eve	Silvester
New Year's Day	der Neujahrstag
to celebrate	feiern
Happy New Year!	Glückliches neues Jahr!

Kalender - und Zeitbegriffe

calendar	der Kalender
month	der Monat
January	Januar
February	Februar
March	März
April	April
May	Mai
June	Juni
July	Juli
August	August
September	September
October	Oktober
November	November
December	Dezember
year	das Jahr
day	der Tag
week	die Woche
week-end	das Wochenende
Monday	Montag
Tuesday	Dienstag
Wednesday	Mittwoch
Thursday	Donnerstag
Friday	Freitag
Saturday	Samstag
Sunday	Sonntag

diary	der Terminkalender
date	das Datum
(on) Tuesday, the 2nd of June	(am) Dienstag, den 2. Juni ...
the first	der Erste (des Monats)
the second	der Zweite (des Monats)
the third	der Dritte (des Monats)
the fourth	der Vierte (des Monats)
the fifth	der Fünfte (des Monats)

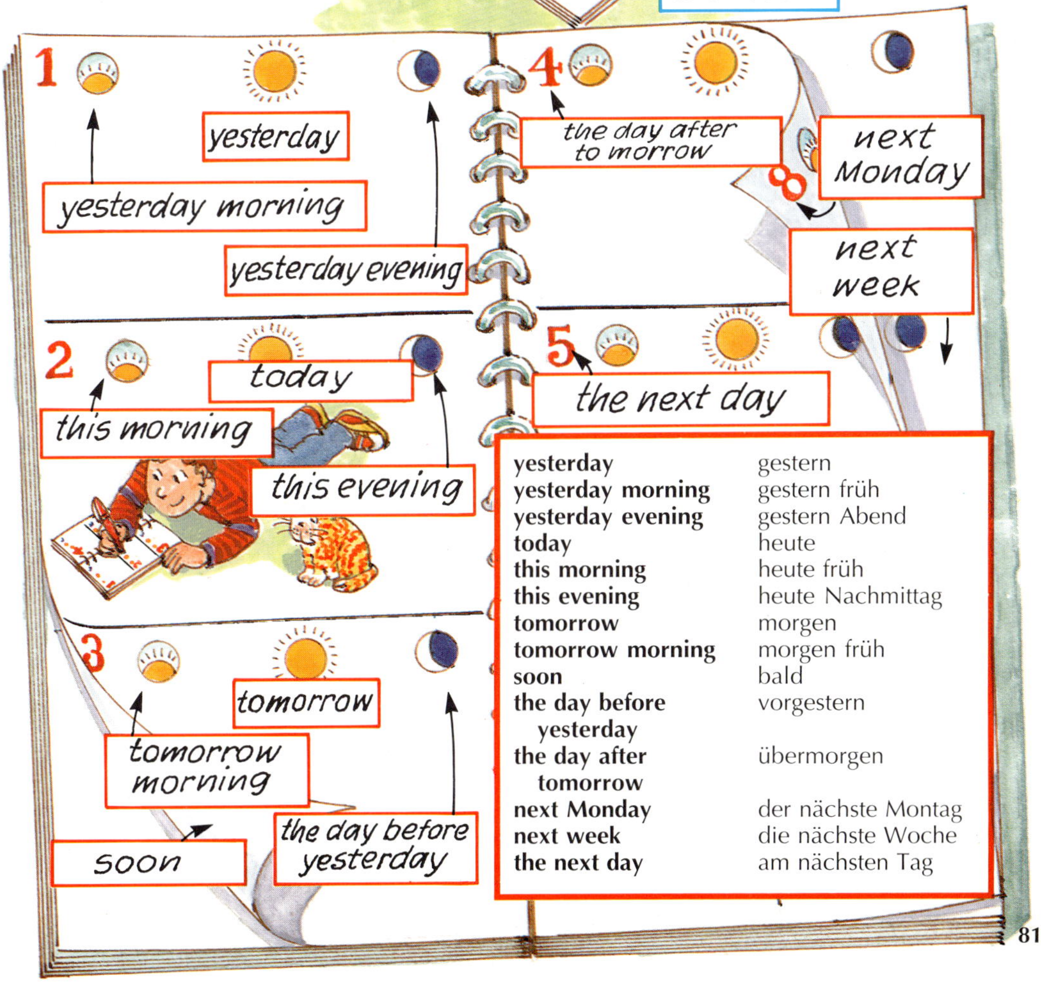

yesterday	gestern
yesterday morning	gestern früh
yesterday evening	gestern Abend
today	heute
this morning	heute früh
this evening	heute Nachmittag
tomorrow	morgen
tomorrow morning	morgen früh
soon	bald
the day before yesterday	vorgestern
the day after tomorrow	übermorgen
next Monday	der nächste Montag
next week	die nächste Woche
the next day	am nächsten Tag

Uhrzeit

dawn	das Morgengrauen	**sun**	die Sonne
sunrise	der Sonnenaufgang	**sky**	der Himmel
It's getting light.	Es wird Tag, es wird hell.	**It is bright.**	Es ist hell.
morning	der Morgen	**day**	der Tag

afternoon	der Nachmittag	**night**	die Nacht
evening	der Abend	**stars**	die Sterne
sunset	der Sonnenuntergang	**moon**	der Mond
It is getting dark.	Es wird dunkel.	**It is dark.**	Es ist Nacht, es ist dunkel.

What time is it?	Wie viel Uhr ist es?	**midnight**	Mitternacht
hour	die Stunde	**a quarter to 10**	Viertel vor 10
minute	die Minute	**five past 10**	fünf nach 10
second	die Sekunde	**a quarter past 10**	Viertel nach 10
It is 1 o'clock.	Es ist ein Uhr.	**half past 10**	halb 11
It is 3 o'clock.	Es ist drei Uhr.	**8 a. m.**	8 Uhr morgens
midday	Mittag	**8 p. m.**	8 Uhr abends

time	die Zeit	**then**	damals, früher, dann
past	die Vergangenheit	**in the future**	in der Zukunft
future	die Zukunft	**nowadays, now**	jetzt
present	die Gegenwart		

Wetter und Jahreszeiten

season	die Jahreszeit
spring	der Frühling
summer	der Sommer
autumn	der Herbst
winter	der Winter

weather	das Wetter
It's raining.	Es regnet.
rain	der Regen
thunderstorm	das Gewitter
cloud	die Wolke
lightning	der Blitz
thunder	der Donner
umbrella	der Regenschirm
rainbow	der Regenbogen
wellington boots	die Gummistiefel
soaked to the skin	klatschnass
puddle	die Pfütze
raindrop	der Regentropfen
hail	der Hagel
flood	die Überschwemmung

climate	das Klima
weather forecast	die Wettervorhersage
What's the weather like?	Wie ist das Wetter?

It's fine.	Es ist schön.
The sun is shining.	Die Sonne scheint.
to sweat	schwitzen
I'm hot.	Mir ist es heiß.

wind	der Wind
It's windy.	Es ist windig.
fog	der Nebel
It's foggy.	Es ist neblig.

It's cold.	Es ist kalt.
to freeze	halb erfroren sein
frost	der Reif
icicle	der Eiszapfen
snow	der Schnee
snowman	der Schneemann
It's snowing.	Es schneit.
to thaw	tauen

Erde und Weltraum

world	die Welt	**north**	der Norden
earth	die Erde	**Pacific Ocean**	der Pazifik
Atlantic Ocean	der Atlantik	**east**	der Osten
west	der Westen	**Equator**	der Äquator
desert	die Wüste	**south**	der Süden
jungle	der Urwald	**South/North Pole**	der Süd-, Nordpol

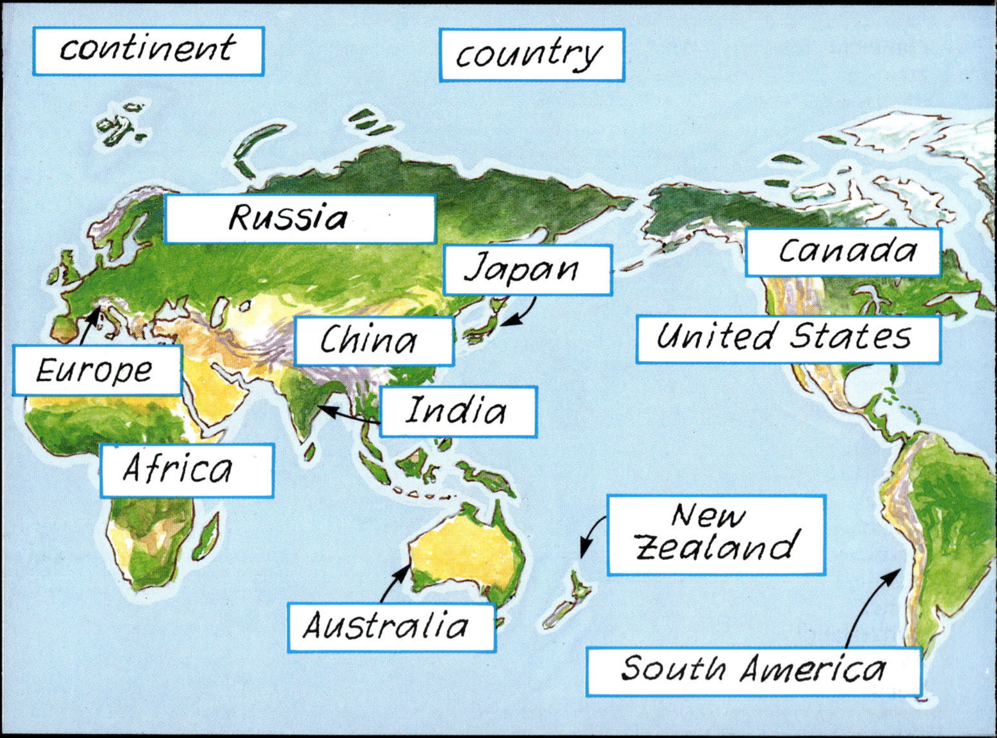

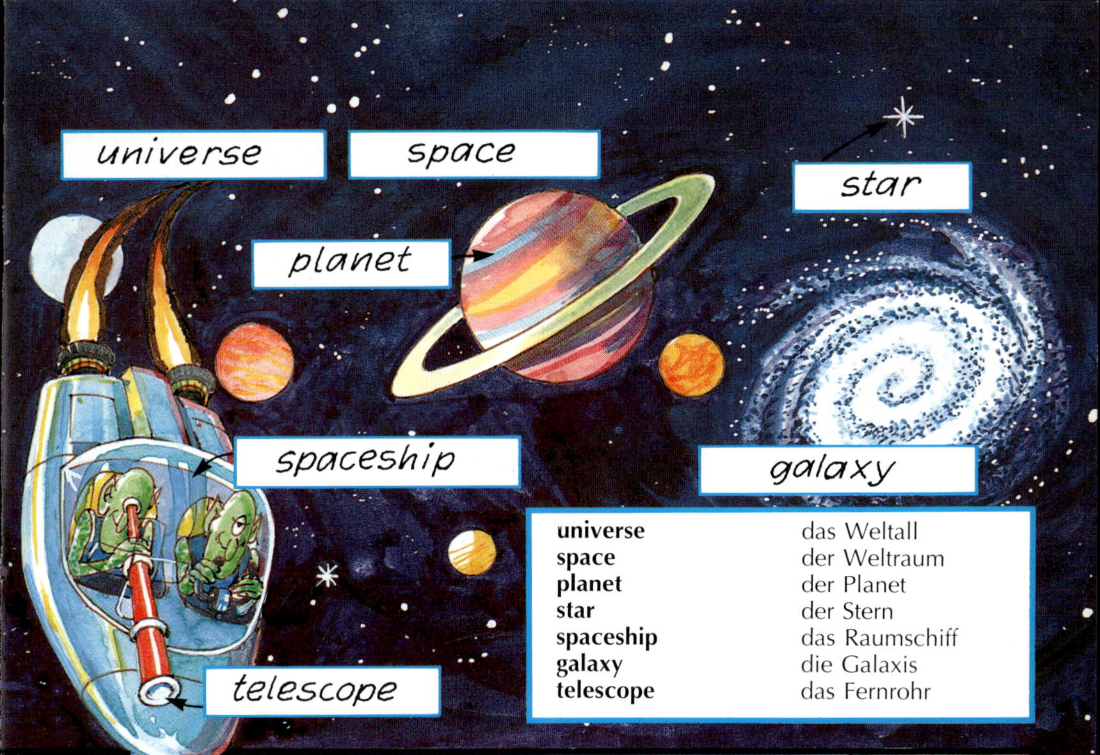

universe	das Weltall
space	der Weltraum
planet	der Planet
star	der Stern
spaceship	das Raumschiff
galaxy	die Galaxis
telescope	das Fernrohr

continent	der Kontinent
country	das Land
Russia	Russland
Europe	Europa
Africa	Afrika
Japan	Japan
China	China
India	Indien
Australia	Australien
New Zealand	Neuseeland
Canada	Kanada
United States	die Verein. Staaten
South America	Südamerika

Scandinavia	Skandinavien
Great Britain	Großbritannien
Netherlands	die Niederlande
Belgium	Belgien
Germany (FRG)	Deutschland (BRD)
Austria	Österreich
France	Frankreich
Switzerland	die Schweiz
Italy	Italien
Spain	Spanien

Staat und Gesellschaft

president (m/w)	der Präsident
parliament	das Parlament
representative (m/w)	die Abgeordnete
prime minister	der Ministerpräsident
government	die Regierung

party	die Partei
leader (m/w)	die Vorsitzende
popular	populär
member	das Mitglied

election	die Wahl	**centre**	die Mitte
to vote	wählen	**right wing**	die Rechte
to win	gewinnen	**to join**	beitreten
to lose	verlieren	**to belong to**	angehören
left wing	die Linke		

the media (E)	die Medien
to interview	interviewen
important	wichtig
interesting	interessant
newspaper	die Zeitung
news (E)	die Nachrichten
headline	die Überschrift
article	der Artikel
true	wahr
false	falsch

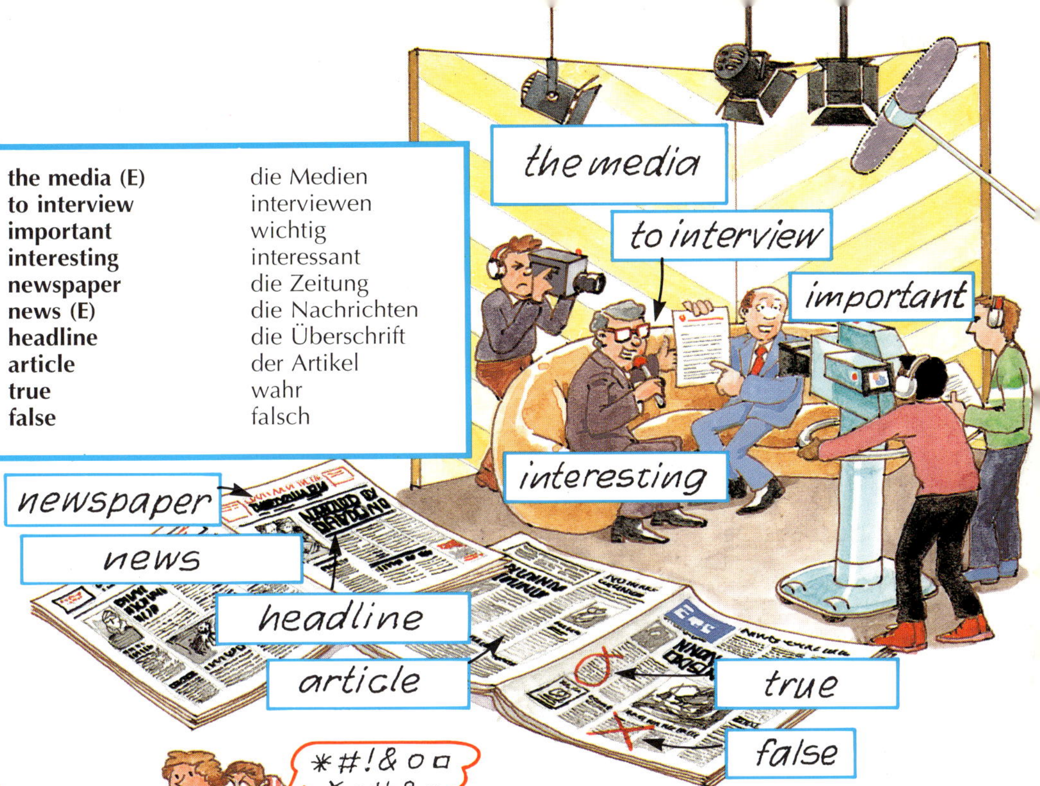

politics	die Politik	**taxes**	die Steuern
society	die Gesellschaft	**trade union**	die Gewerkschaft
democratic	demokratisch	**unemployment**	die Arbeitslosigkeit
wages (M)	der Lohn		

Eigenschaften

noisy	laut, lärmend
quiet	schweigsam
obedient	gehorsam
naughty	ungehorsam, ausgelassen
same	gleich, ähnlich
different	unterschiedlich

to be busy	beschäftigt
useful	nützlich
together	zusammen
alone	allein
frightened	erschrocken
brave	mutig

careless	nachlässig, unordentlich
careful	vorsichtig
cross	böse, verärgert
pleased with	zufrieden mit
lively	angeregt, lebendig
boring	langweilig

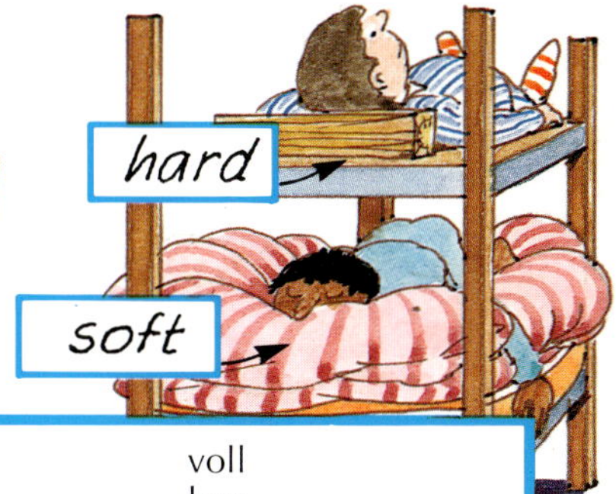

full	voll
empty	leer
long	lang
short	kurz
hard	hart
soft	weich

new	neu
old	alt
open	offen
shut	geschlossen
deep	tief
shallow	flach

tight	eng
loose	weit
fashionable	modisch
old-fashioned	altmodisch
last	Letzte

(made of) plastic	aus Plastik
(made of) wood	aus Holz
(made of) gold	aus Gold
(made of) metal	aus Metall
(made of) silver	aus Silber

Farben

colour	die Farbe	**bright**	leuchtend
red	rot	**orange**	orange
pink	rosa	**blue**	blau
pale	hell, blass	**navy blue**	dunkelblau
white	weiß	**purple**	dunkelviolett
black	schwarz	**dark**	dunkel
grey	grau	**green**	grün
dull	matt	**flowered**	geblümt
brown	braun	**spotted**	gepunktet
yellow	gelb	**striped**	gestreift

In, auf, unter ...

in	in, im	**behind**	hinter
on	auf	**against**	gegen
under	unter	**through**	durch
over	über	**towards**	nach
into	in ... hinein	**away from**	weg von
out of	draußen, außen	**up**	oben
beside	neben	**down**	unten
between	zwischen	**among**	zwischen
near to	in der Nähe von, nahe bei	**opposite**	gegenüber
far away from	weit von	**with**	mit
in front of	vor	**without**	ohne

Tätigkeiten

to whisper	flüstern
to shout	schreien
to look for	suchen
to wait (for someone)	warten
to lean (on)	sich stützen auf
to hold	haben, halten

to carry	tragen	**to pick up**	aufheben
to drop	fallen lassen	**to put down**	hinstellen, absetzen

to touch	berühren
to open	öffnen
to close	schließen
to pour	gießen
to fill	füllen
to shake	schütteln
to empty	ausleeren

to tear	aufschlitzen, zerreißen
to mend	flicken
to throw	werfen
to catch	auffangen
to knock over	umwerfen
to break	zerbrechen

to pull	ziehen	**to run away**	davonlaufen, entwischen
to push	stoßen, schieben		
to steal	stehlen	**to follow**	folgen
to slip	ausrutschen	**to hide**	sich verstecken

Tipps zur Grammatik

Jede Sprache folgt Regeln, die beschreiben, wie die Sprache funktioniert und benutzt werden kann. Auf den folgenden Seiten findest du einige wichtige Regeln der englischen Sprache zusammengefasst. Natürlich kannst du dir nicht alles auf einmal merken. Aber lies diese »sprachliche Gebrauchsanleitung« von Zeit zu Zeit durch und du wirst sehen: Wenn man weiß, wie man die vielen Wörter im Buch richtig zusammenbaut, macht Englisch großen Spaß.

Hauptwörter (Substantive)

Hauptwörter bezeichnen Personen und sichtbare, aber auch unsichtbare Dinge. Englische Hauptwörter werden kleingeschrieben. Nur Personen- und Ländernamen sowie Namen von anderen Dingen (z.B. Schiffen) schreiben sich groß. Wörter am Anfang eines Satzes werden immer großgeschrieben.

Im Englischen gibt es keinen Unterschied zwischen weiblichen, männlichen und sächlichen Hauptwörtern. Deshalb gibt es auch nur einen Artikel, also nur ein Wort für »der«, »die« und »das«, nämlich **the**.
»ein« oder »eine« ist der unbestimmte Artikel, der ins Englische mit **a** übersetzt wird. »Das Kind« heißt also auf Englisch **the child**, »ein Kind« ist **a child**.
Statt **a** heißt es **an**, wenn das folgende Wort mit einem Vokal (a, e, i, o oder u) beginnt. Dabei kommt es darauf an, wie man ein Wort ausspricht (und nicht, wie man es schreibt).

Beispiele:

a ship	ə'ship	ein Schiff
an office	ən'ofis	ein Büro
an hour	ən'auə	eine Stunde

Mehrzahl (Plural)

Spricht man über mehr als eine Sache, hängt man im Englischen an das Hauptwort (Substantiv) einfach ein **s** an. So lautet der Plural für **tree** (Baum) **trees** (Bäume) oder für **ticket** (Fahrkarte) **tickets** (Fahrkarten). Das ist bei den meisten Wörtern so, z. B. auch bei dem Wort **computer** (der Computer); hier heißt der Plural **computers** (die Computer).
Manche Substantive (Hauptwörter) haben ein gesprochenes **s** oder **sch** am Wortende (wenn die letzten Buchstaben **s**, **sh**, **ch** oder **x** sind). In diesem Fall hängt man in der Mehrzahl **es** an.

Beispiele:

kiss	kis	Kuss
kisses	'kisis	Küsse
wish	wisch	Wunsch
wishes	'wishis	Wünsche
church	tschə:tsch	Kirche
churches	'tschə:tschis	Kirchen
fox	foks	Fuchs
foxes	'foksis	Füchse

Endet ein Substantiv auf **fe**, dann wird diese Endung im Plural durch **ves** ersetzt.

Beispiele:

wife	waif	Ehefrau
wives	waivs	Ehefrauen
knife	naif	Messer
knives	naivs	Messer (M)

Steht am Ende eines Substantivs ein **y** nach einem Konsonanten, so wird dies im Plural zu **ies**.

Beispiele:

city	siti	Stadt
cities	sit:is	Städte
country	kantri	Land
countries	kantri:s	Länder

Es gibt einige Wörter, die den Plural nicht nach diesen Regeln bilden. Die wichtigsten dieser Ausnahmewörter muss man sich einfach merken; es sind auch gar nicht viele:

child	tschaild	Kind
children	'tschildrən	Kinder
man	mæn	Mann
men	men	Männer
woman	'wumən	Frau
women	'wimən	Frauen
foot	fut	Fuß
feet	fi:t	Füße
tooth	tu:ð	Zahn
teeth	ti:ð	Zähne

Persönliches Fürwort (Personalpronomen)

Hauptwörter, die Personen bezeichnen, lassen meistens nicht erkennen, ob man von einer Frau oder einem Mann spricht. So heißt z. B. **I have a friend** entweder »Ich habe einen Freund«, wenn man von einem Mann (oder Jungen) spricht; oder es heißt »Ich habe eine Freundin«, wenn man eine Frau (oder ein Mädchen) meint. Oft findet man das richtige Geschlecht durch das persönliche Fürwort (Personalpronomen) heraus.

Hier ein Beispiel:
The teacher is nice.
Der Lehrer(?)/die Lehrerin(?) ist nett.
He doesn't give much homework.
Er (aha! also ein Mann) gibt nicht viel Hausaufgaben.

Persönliche Fürwörter stehen an der Stelle von Hauptwörtern, damit man sie (die Hauptwörter) nicht ständig wiederholen muss. Sie heißen folgendermaßen:

I	ich	**me**	mir/mich
you	du/Sie	**you**	dir/dich/Ihnen
he	er	**him**	ihm/ihn
she	sie	**her**	ihr/sie
we	wir	**us**	uns
you	ihr/Sie	**you**	euch/Ihnen
they	sie	**them**	ihnen/sie

Nehmen wir noch einmal das Beispiel vom netten Lehrer/von der netten Lehrerin:

The teacher is nice. He doesn't give much homework. That's why we like him.
Der Lehrer ist nett. Er gibt nicht viel Hausaufgaben. Deshalb mögen wir ihn.

oder:

The teacher is nice. She doesn't give much homework. That's why we like her.
Die Lehrerin ist nett. Sie gibt nicht viel Hausaufgaben. Deshalb mögen wir sie.

du/Sie
Im Englischen gibt es keine besondere Höflichkeitsform in der direkten Ansprache wie unser »Sie«. Jedermann wird mit **you** (E/M) angesprochen.

mein, dein
Wenn du sagen willst, dass etwas dir gehört, so gebrauchst du »mein«, »dein«, »sein« usw. Diese Wörter nennt man besitzanzeigende Fürwörter (Possessivpronomen). Hier findest du sie auf Englisch und auf Deutsch:

my	mein
your	dein, Ihr
his	sein
her	ihr
our	unser
your	eure, Ihre
their	ihr

Und dazu einige Beispiele:

This is my bicycle.	Das ist mein Fahrrad.
Is this your glove?	Ist das dein/euer/Ihr Handschuh?
His brother is tall.	Sein Bruder ist groß.
Do you like her dog?	Gefällt dir ihr Hund?

Manchmal hängt man das besitzanzeigende Fürwort (Possessivpronomen) auch an das Satzende; dies geschieht am häufigsten nach einer Frage:

Is this your glove? Yes, it's mine.
Ist das dein Handschuh? Ja, das ist meiner.

Die besitzanzeigenden Fürwörter am Satzende heißen so:

mine	mein
yours	dein
his	sein
hers	ihr
ours	unser
yours	eure, Ihre
theirs	ihr

Eigenschaftswörter (Adjektive) und Umstandswörter (Adverbien)

Adjektive gehören zu einem Hauptwort (Substantiv) und geben nähere Informationen über dieses Wort. Zum Beispiel sagt man von einem Auto, dass es schnell ist.

The car is fast.	Das Auto ist schnell.

oder

It is red.	Es ist rot.

Man kann auch sagen:

The red car is fast.	Das rote Auto ist schnell.

Die Wörter **red** und **fast** gehören also zum Hauptwort **car** und zeigen, was an ihm Besonderes ist.
Es gibt andere Wörter, nämlich die Umstandswörter (Adverbien); sie zeigen, wie sich etwas abspielt. Beachte den Unterschied in den beiden folgenden Sätzen:

The car is slow.	Das Auto ist langsam.
The car goes slowly.	Das Auto fährt langsam.

Warum heißt es einmal **slow** und einmal **slowly**? Im zweiten Beispiel erfahren wir etwas über das Fahren, wie sich das Auto bewegt; **slowly** gehört also zum Tätigkeitswort (Verb) **goes** (von **to go** »gehen«, »fahren«). Wenn das der Fall ist, hängt man an das Adjektiv (Eigenschaftswort) im Englischen meistens **ly** an.

Ein weiteres Beispiel:
John is a careful boy.
John ist ein vorsichtiger Junge.
He uses the knife carefully.
Er geht mit dem Messer vorsichtig um.

Vergleiche
Oft will man Dinge miteinander vergleichen; dazu braucht man die Vergleichs- oder Steigerungsformen. Beispielsweise sagt man:

I have much/little money, and you have even more/less.
Ich habe viel/wenig Geld und du hast noch mehr/weniger.

Besonders **more** (mehr) und **most** (am meisten) solltest du dir merken, weil man diese Wörter für einen Vergleich im Englischen häufig braucht. Denn bei langen Eigenschafts- oder Umstandswörtern sagt man auf Englisch, etwas ist »mehr« **more** oder »am meisten« **most**. Hierzu ein Beispiel:

Jogging is interesting, football is more interesting, but tennis is most interesting.
Joggen ist interessant, Fußball ist interessanter, aber Tennis ist am interessantesten.

Sehr kurze Eigenschafts- oder Umstandswörter werden gesteigert, indem man ihnen **er** bzw. **est** anhängt: **small**, **smaller**, **smallest** (klein, kleiner, am kleinsten). Endet ein Eigenschaftswort auf **e**, so bleibt das **e** erhalten, wird aber nicht verdoppelt: **nice**, **nicer**, **nicest** (nett, netter, am nettesten). Das Wortende **y** wird in den Steigerungsformen zu **ie**: **pretty**, **prettier**, **prettiest** (hübsch, hübscher, am hübschesten).
Manche Wörter haben besondere Steigerungsformen, die du dir merken solltest:

good	gut
better	besser
best	am besten
bad	schlecht
worse	schlechter
worst	am schlechtesten
much/many	viel/viele
more	mehr
most	am meisten
little/few	wenig
less	weniger
least	am wenigsten

Viel und wenig

Wenn man im Englischen »viel« zusammen mit einem Hauptwort (Substantiv) in der Einzahl (Singular) gebraucht, dann sagt man **much**, z. B. **He has much money.** Steht aber das, von dem man viel hat, in der Mehrzahl (Plural), dann ist das richtige Wort für »viel« **many**, so etwa in **He has many friends** (»Er hat viele Freunde«).
Genauso ist es bei **little** und **few**.

He has litte money. Er hat wenig Geld.
He has few friends. Er hat wenig Freunde.

Und jetzt rate mal, ob man im folgenden Satz für »viel« im Englischen **much** oder **many** sagt:

Er trinkt viel Milch.
Von der »Milch« spricht man in der Einzahl; mit der Einzahl zusammen gebraucht man **much**, also heißt die Übersetzung:

He drinks much milk.

Der gleiche Satz, aber mit »wenig«:

He drinks little milk.

Fragen und Verneinung mit to do

Bei englischen Fragen nimmt man meistens das Verb (Tätigkeitswort) **to do** »tun«, »machen« zu Hilfe. Deshalb solltest du dir dieses Wort gut merken:

I do	ich tue
you do	du tust/Sie tun
he does	er tut
she does	sie tut
it does	es tut
we do	wir tut
you do	ihr tut/Sie tun
they do	sie tun

Das Wort **to do** bleibt also, bis auf die 3. Person in der Einzahl (**he**, **she**, **it**) **does**, immer gleich.

Für Fragen ohne Fragewort – das sind normalerweise auch die Fragen, auf die man mit **yes** oder **no** antworten kann – nimmst du die richtige Form von **to do** und stellst sie an den Satzanfang; und dann gehts weiter mit der Wortstellung wie im normalen Satz.

Do you like pop music?	Magst du Popmusik? (wörtl.: Tust du Popmusik mögen?)
Does the boy play tennis?	Spielt der Junge Tennis? (wörtl.: Tut der Junge Tennis spielen?)
Do they go home?	Gehen sie nach Hause? (wörtl.: Tun sie nach Hause gehen?)

Bei Fragen mit Fragewort machst du alles so wie oben erklärt und stellst das Fragewort einfach an den Anfang:

Where does the boy play tennis?	Wo spielt der Junge Tennis? (wörtl.: Wo tut der Junge Tennis spielen?)
When do they go home?	Wann gehen sie nach Hause? (wörtl.: Wann tun sie nach Hause gehen?)

Übrigens: Bei Fragen mit **who** »wer« und Sätzen mit dem Wörtchen **to be** »sein« braucht man die Umschreibung mit **to do** nicht!
Wie bei den Fragen braucht man das Wörtchen **to do** auch bei einer Verneinung, also wenn man sagen will, dass etwas nicht zutrifft; hier ein Beispiel: Zuerst wird gesagt, was man kann und danach, was man nicht kann (was also nicht zutrifft):

I play the guitar.	Ich spiele Gitarre.

aber:

I do not play the piano.	Ich spiele nicht Klavier.

Du nimmst also **do** oder **does** + **not** und stellst sie vor das Tätigkeitswort (Verb). Das Tätigkeitswort bleibt dabei in der Grundform (Infinitiv). Zuerst wieder der nicht verneinte Satz, danach die Verneinung:

He has a car.	Er hat ein Auto.
He does not have a car.	Er hat kein Auto. (wörtl.: Er tut nicht haben ein Auto.)

Auch im Fall der Verneinung bekommt das Wörtchen **to be** »sein« wieder seine Extrawurst: Man braucht in Sätzen mit **to be** keine Umschreibung. Dazu ein Beispiel:

Is this frog a prince? No, this frog is not a prince!
Ist dieser Frosch ein Prinz? Nein, dieser Frosch ist kein Prinz!

Fragewörter

Im Folgenden findest du eine kurze Liste von Fragen mit Fragewörtern. Besonders bei **where** »wo« und **who** »wer« ist die Verwechslungsgefahr groß; bei Fragen mit **who** brauchst du auch die Umschreibung mit **to do** nicht.

Who (!) is this man?	Wer (!) ist dieser Mann?
What are you doing?	Was machst du da? (wörtl.: Was bist du machend?)
When will we go to the cinema?	Wann gehen wir ins Kino?

	(wörtl.: Wann werden wir ins Kino gehen?)
How old are you?	Wie alt bist du?
Where (!) do you live?	Wo (!) wohnst du? (wörtl.: Wo tust du leben?)
Why are you crying?	Warum weinst du? (wörtl.: Warum bist du weinend?)

Das Wörtchen to be »sein«

Dieses besondere Tätigkeitswort **to be** solltest du dir gut merken. Es verändert sich nämlich stärker als die meisten anderen Verben, die ja nur bei **he**, **she** oder **it** ein **s** anhängen; außerdem verhält sich dieses Wörtchen bei Fragen und verneinten Sätzen anders als alle anderen Tätigkeitswörter (Verben).

I am	ich bin
you are	du bist/Sie sind
he is	er ist
she is	sie ist
it is	es ist
we are	wir sind
you are	ihr seid/Sie sind
they are	sie sind

Wenn du dieses Tätigkeitswort (Verb) benutzt, brauchst du in der Frage und in der Verneinung die Umschreibung mit **to do** nicht zu verwenden; Fragen und Verneinungen mit **to be** sind also dem Deutschen viel ähnlicher. Du fragst demnach z.B. so:

Is your brother tall?	Ist dein Bruder groß?

Und eine Verneinung sieht so aus:

I am not stupid!	Ich bin nicht blöd!

Das Wörtchen **to be** ist ganz besonders wichtig, wenn man eine **ing**-Form zusammenbasteln will.

»können« und »müssen«

Diese beiden Tätigkeitswörter (Verben) sind etwas Besonderes, weil sie immer mit einem anderen Verb zusammen benutzt werden müssen, auch wenn das im Deutschen nicht der Fall ist. Es heißt also zum Beispiel:

Sie kann Englisch.	**She can speak English.** (Sie kann Englisch sprechen.)

oder:

Ich muss nach Hause.	**I must go home.** (Ich muss nach Hause gehen.)

Beachte bei den folgenden beiden Überschriften zu **can** und **must**, dass diese Wörter in der 3. Person Einzahl (**he**, **she**, **it**) kein **s** haben.
Can wird immer ohne **to** verwendet.

I can	ich kann
you can	du kannst/Sie können
he can	er kann
she can	sie kann
it can	es kann
we can	wir können
you can	ihr könnt/Sie können
they can	sie können

Anstelle von **can** »können« sagt man im Englischen auch gelegentlich **to be able to** »können«, »fähig sein«.

I must	ich muss
you must	du musst/Sie müssen
he must	er muss

she must	sie muss
it must	es muss
we must	wir müssen
you must	ihr müsst/Sie müssen
they must	sie müssen

Statt **must** »müssen« sagt man häufiger **to have to** (»müssen«, »haben zu«), wie man ja auch im Deutschen entweder

»Ich muss meine Hausaufgaben machen.«
I must do my homework.

oder:

»Ich habe meine Hausaufgaben zu machen.«
I have to do my homework.
sagen kann. Wir zeigen dir noch ein Beispiel:

She has to leave at ten o'clock.
Sie muss um zehn Uhr weg.
(wörtl.: Sie hat um zehn Uhr wegzugehen.)

Beachte im letzten Beispielsatz, wie auch in der folgenden Übersicht zum Wort **to have**, die 3. Person in der Einzahl (**he**, **she**, **it**) **has**.

I have	ich habe
you have	du hast/Sie haben
he has	er hat
she has	sie hat
it has	es hat
we have	wir haben
you have	ihr habt/Sie haben
they have	sie haben

So wie **have** bleiben alle »normalen« Verben im Englischen gleich, nur in der 3. Person Einzahl bekommen sie ein **s** angehängt. Wir probieren das mit dem Wort **play** »spielen«, das wir im nächsten Abschnitt (»Die **ing**-Form«) noch einmal verwenden:

I play	ich spiele
you play	du spielst/Sie spielen
he plays	er spielt
she plays	sie spielt
it plays	es spielt
we play	wir spielen
you play	ihr spielt/Sie spielen
they play	sie spielen

Die ing-Form

Im Englischen kann der Satz »Ich spreche« auf zwei Arten formuliert werden: entweder **I speak** oder **I am speaking** (wörtl.: »Ich bin sprechend«). Die zweite Möglichkeit, die so genannte **ing**-Form, wendet man auf Tätigkeiten und Vorgänge an, die gerade in diesem Augenblick passieren.
Dazu braucht man die passende Form von **to be**, z. B. **I am**, lässt das Tätigkeitswort (Verb) in der Grundform (Infinitiv) folgen, z. B. **speak** und hängt daran die Endung **ing**: das Ergebnis heißt also **I am speaking** »Ich spreche (gerade)«. Im Deutschen zeigt man, dass etwas im selben Augenblick passiert, mit besonderen Ausdrücken. Wenn du einen von den Ausdrücken in den folgenden Beispielen im Deutschen gebrauchen würdest oder könntest, dann weißt du, dass du auf Englisch die **ing**-Form gebrauchen musst.

I am speaking.	Ich spreche (gerade). (wörtl.: Ich bin sprechend.)
I am reading.	Ich lese (jetzt). (wörtl.: Ich bin lesend.)
What are you doing?	Was machst du (da)? (wörtl.: Was bist du machend?)
He is cooking.	Er kocht (im Moment). (wörtl.: Er ist kochend.)

I am learning English.	Ich lerne (zur Zeit) Englisch. (wörtl.: Ich bin lernend Englisch.)

An einem Beispiel sollst du nun in einem Überblick sehen, wie man die **ing**-Form richtig zusammensetzt. Es geht um das Wort »spielen«; **to play** ist die Grundform (so wie du sie im Register dieses Buches und in Wörterbüchern findest).

I am playing	ich spiele
you are playing	du spielst/Sie spielen
he is playing	er spielt
she is playing	sie spielt
it is playing	es spielt
we are playing	wir spielen
you are playing	ihr spielt/Sie spielen
they are playing	sie spielen

Die Wortstellung

Im Englischen sagt man immer zuerst, wer etwas tut, dann die Tätigkeit – also das Tätigkeitswort (Verb) – und danach alles andere.

My parents are very nice.
Meine Eltern sind sehr nett.

Diese Wortstellung bleibt im Englischen erhalten, auch wenn sie sich im Deutschen ändert. Achte auf die Satzteile hinter dem Strich:

I believe that / my parents are very nice.
Ich glaube, dass / meine Eltern sehr nett sind.

Im ersten Satzteil findest du das, was »etwas tut« (in diesem Fall besser »mit dem etwas los ist«), nämlich **the weather** an der ersten Stelle, dann kommt das Tätigkeitswort (Verb) **is** und am Schluss kommt eine zusätzliche Information über das Wetter: es ist **nice**. Genauso läuft es im zweiten Satzteil ab. **I** (ich) ist die Person, die etwas tut, dann kommt die Tätigkeit **go** (gehe) und am Ende wird gesagt, wohin man geht, nämlich zum Schwimmen **swimming**.
Diese Wortstellung ändert sich nur bei Fragen, dann steht nämlich das Tätigkeitswort (Verb) oder das Fragewort am Anfang des Satzes. Hier zuerst zwei Beispiele für Fragen ohne Fragewort:

Are you German?	Bist du Deutsche/ Deutscher?
Do you live in Britain?*	Wohnst du in Großbritannien?

Und nun ein Beispiel für eine Frage mit Fragewort:

Where is my hat?	Wo ist mein Hut?

Kurzformen

Im umgangssprachlichen Englisch gibt es viele Wortzusammenziehungen, besonders in Verbindung mit den beiden Wörtchen **not** »nicht« und (**he**, **she**, **it**) **is** »(er, sie, es) ist«. Links findest du die lange, rechts die verkürzte Form:

do not	:	**don't**
does not	:	**doesn't**
is not	:	**isn't**
are not	:	**aren't**
what is	:	**what's**
that is	:	**that's**
who is	:	**who's**
it is	:	**it's**

* Mehr zum Thema »Fragen« findest du in diesem Teil des Buches unter den Stichworten »Fragen und Verneinung mit **to do**« und »Fragewörter«.

Das englische Alphabet

a	**ei**	n	**en**
b	**bi:**	o	**ou**
c	**si:**	p	**pi:**
d	**di:**	q	**kiu**
e	**i:**	r	**a:**
f	**ef**	s	**es**
g	**dschi**	t	**ti:**
h	**eitsch**	u	**iu:**
i	**ai**	v	**vi:**
j	**dschei**	w	**'dabliu***
k	**kei**	x	**eks**
l	**el**	y	**wai**
m	**em**	z	**zed**

* geschrieben **double u** (normales u)

Aussprachehilfen

Auf S. 106 findest du noch einmal alle Wörter aus dem Buch in alphabetischer Reihenfolge. Nach jedem englischen Wort oder Ausdruck findest du die Aussprache in einer vereinfachten Lautschrift. Wir haben die Lautschrift vereinfacht, damit du dir nicht zu viele neue Zeichen merken musst. Willst du's jedoch einmal ganz genau wissen, dann solltest du in einem richtigen Wörterbuch nachsehen.
Manche Buchstaben sind im Englischen etwas anders auszusprechen als im Deutschen. Welche das sind und wie sie gesprochen werden, erklären wir auf dieser Seite. Das Allerbeste ist natürlich, viel Englisch zu hören und dabei auf die Aussprache und Sprachmelodie zu achten.
Übrigens: Amerikaner, Australier, Neuseeländer, Iren, Schotten usw. sprechen alle ein klein wenig anders; deshalb solltest du dich nicht wundern, wenn unsere Aussprachetipps nicht immer genau mit dem übereinstimmen, was du z. B. im Radio hörst.

' Der Apostroph steht vor der betonten Silbe eines Wortes.

i: Zwei Punkte hinter einem Buchstaben der Lautschrift bedeuten, dass du ihn lang aussprichst, so wie das **i** in »Biene«.

ə Spricht sich aus wie das **e** am Ende von deutschen Wörtern, z. B. »Schule« oder »Knöpfe«: **a** (ein, eine) ə, **sister** (Schwester) [sistə], **moment** (Moment) ['moumənt].

æ Wird wie das deutsche **ä** ausgesprochen, aber den Mund etwas weiter aufmachen: **fat** (fett) [fæt], **ham** (Schinken) [hæm].

ai Wie deutsch »Main«: **I** (ich) [ai], **my** (mein) [mai].

ei Ein langes **e** wie in »Geh!« und dahinter ein kurzes **i**: **day** (Tag) [dei], **name** (Name) [neim].

ea Benutzen wir z. B. bei **fair**; klingt im Englischen wie im Deutschen etwa wie **ä** mit **ə**.

i$ Etwas kürzer als im Deutschen »hier«: **to hear** (hören) [hiə].

oi Wie **eu** in »Leute«: **boy** (Junge) [boi], **enjoy** (genießen) [ind'schoi].

ou Das **o** wie in »Ostern«, dann ein kurzes **u**: **go** (gehen) [gou], **window** (Fenster) ['windou].

r Das **r** hört sich im Englischen anders an als im Deutschen. Sicher weißt du, wie die Worte **Rock 'n' Roll** ausgesprochen werden. Übrigens: **r** am Wortende spricht man überhaupt nicht aus.

s Ist immer ein stimmloses, scharfes **s** wie in »Wasser«: **soap** (Seife) [soup].

v Wie im Deutschen in »Vase«: **very** (sehr) ['veri], **living room** (Wohnzimmer) ['living ru:m].

w Dieser Laut klingt wie ein kurzes **u** mit einem Vokal dahinter. Stelle dir ein **qu** vor und lasse dann beim Aussprechen das **q** weg, wie z. B. Quelle – uelle – jetzt das **e** hinten weg und du hast »uell«: **well** (gut) [wel].

ð Dies ist das Zeichen für **th** im Englischen. Diesen Laut sprichst du aus wie ein gelispeltes **s**: **the** (der, die, das) [ðə], **thin** (dünn) [ðin], **Elisabeth** [e'lisabeð].

z Ist ein stimmhaftes, weiches **s** wie bei Sahne: **zero** (null) [zirou].

Alphabetischer Wortschatz

A

rechts **abbiegen**	to turn right	tə:n'rait
der **Abend**	evening	'i:vning
acht Uhr **abends**	8 p.m. (=post meridiam, lateinisch für »nach Mittag«)	'eitpi'em
das **Abendessen**	supper	'sapə
der **Abfalleimer**, -korb	(litter) bin	'litəbin
der **Abflug**	Departures	di'pa:tschəs
der/die **Abgeordnete**	representative (m/w)	repri'sentətiv
der **Abhang**	slope	sloup
Geld **abheben**	to take money out	'teik:maniaut
abnehmen (Telefon)	to pick up the receiver	pik'apðəri'sivə
abschmecken	to taste	teist
die **Abteilung**	department	di'pa:tmənt
abtrocknen	to dry	drai
sich **abtrocknen**	to dry yourself	'drai iu 'self
abwaschen	to wash up	'wosch'ap
abziehen	to subtract	sab'trækt
acht	eight	eit
achtzehn	eighteen	ei'ti:n
achtzig	eighty	'eiti
addieren	to add	aed
der **Adler**	eagle	'i:gl
die **Adresse**	address	əd'res
der **Affe**	monkey	'manki
Afrika	Africa	'æfrikə
allein	alone	ə'loun
Alles Gute zum Geburtstag!	Happy birthday!	hæpi'bə:ðdei
das **Alphabet**	alphabet	'ælfəbet
alt	old	ould
das **Alter**	age	'eidsch
das **Alter** (Lebensphase)	old age	ould 'eidsch
älter als	older than	'ouldə'ðæn
altmodisch	old fashioned	ould 'fæschend
die (Verkehrs-) **Ampel**	traffic lights (M)	'træfiklaits
die **Amsel**	blackbird	'blækbə:d
an	at	æt
angeln gehen	to go fishing	gou'fisching
der **Angelhaken**	hook	huk
die **Angelrute**	fishing rod	'fisching'rod
der/die **Angestellte**	employee (m/w)	'emploi'i:
ängstlich	frightened	'fraitənd
der (Koffer-) **Anhänger**	label	'leibl
der **Anker**	anchor	'ænkə
die **Ankunft**	Arrivals	ər'aivəls
(das Licht) **anmachen**	to switch on (the light)	switsch'on (ðəlait)
Bitte **anschnallen**!	Fasten your seatbelts!	'fa:s:n iuə 'si:tbelts
einen **Anruf** machen	to telephone	'telifoun
sich **anstellen**	to queue	ki'u
sich **anziehen**	to get dressed	get'dresd
der **Apfel**	apple	æpl
der **Apfelbaum**	apple tree	'æpltri:
die **Apfelsine**	orange	'orindsch
die **Apotheke**	chemist	'kemist
apportieren	to fetch	fetsch
die **Aprikose**	apricot	'eiprikot
April	April	'eipril
der **Äquator**	Equator	i'kweitə
arbeiten	to work	wə:k
zur **Arbeit** gehen	to go to work	'goutu'wa:k
die **Arbeitslosigkeit**	unemployment	anim'plomənt
der/die **Architekt/-in**	architect (m/w)	'a:kitekt
der **Arm**	arm	a:m
das **Armband**	bracelet	'breislət
die **Armbanduhr**	watch	wotsch
der **Artikel**	article	'a:tikl
der **Arzt**, die **Ärztin**	doctor (m/w)	'doktə
der **Ast**	branch	bra:ntsch
der **Atlantik**	Atlantic Ocean	æt'læntikəan 'ouschən
auf	on	on
auf ... zu	towards	tə:wo:dz
aufheben	to pick up	pik:ap
auflegen	to hang up	hæng'ap
aufpassen, bewachen	to keep an eye on	ki:pan'aion
aufräumen	to tidy up	'taidi'ap
aufschlagen (Tennis)	to serve	sə:v

der **Aufsichts-beamte**	guard	gɑ:d
aufstehen (aus dem Bett)	to get up	get'ap
aufstehen	to stand up	stænd'ap
aufwachen	to wake up	weik'ap
(Kinder) **aufziehen**	to bring up	bring'ap
der **Aufzug**	lift	lift
das **Auge**	eye	ai
sich die **Augen** reiben	to rub your eyes	'rab iuə:aiz
August	August	'o:gəst
Aus! (Tennis)	Out!	aut
ausführen	to take for a walk	teik forəwo:k
der **Ausgang**	exit	'eksit
Geld **ausgeben**	to spend money	spend'mani
ausgebucht	fully booked	'fuli'bukd
aus ... heraus	out of	'aut ov
(**aus-**)leeren	to empty	'empti
(das Licht) **ausmachen**	to switch off (the light)	switsch'of (ðəlait)
sich **ausruhen**	to rest	rest
ausrutschen	to slip	slip
einen Scheck **ausstellen**	to write a cheque	'raitə'tschek
die **Aussicht**	view	viu
aussteigen	to get off	get'of
die **Ausstellung**	exhihition	ekshi'bischn
austragen (z. B. Zeitung)	to deliver	di'livə
Australien	Australia	o:st'reiliə
Ausverkauf	sale	seil
ausziehen	to move out	mu:v'aut
sich **ausziehen**	to undress	an'dres
das **Auto**	car	ka:
die **Autobahn**	motorway	'moutəwei
das **Autorennen**	motor racing	'moutəreising

B

das **Baby**	Baby	'beibi
der **Bach**	stream	stri:m
die **Backe**	cheek	tschi:k
die **Bäckerei**	bakery	'beikri
der **Backofen**	oven	ovən
das **Bad**	bath	ba:ð
die **Badehose**	(swimming)togs (M)	togz
der **Bademantel**	bathrobe	'ba:ðroub
die **Badematte**	bathmat	'ba:ðmæt
sich **baden**	to have a bath	'hævə'ba:ð
die **Badewanne**	bath	ba:ð
das **Badezimmer**	bathroom	ba:ðru:m
der **Bahnhof**	station	'steischn
der **Bahnsteig**	platform	'plætfo:m
die **Bahnsteigkarte**	platform ticket	'plætfo:m'tikit
bald	soon	su:n
der **Balkon**	balcony	'bælkoni
mit **Balkon**	with balcony	wið bælkoni
der **Ball**	ball	bo:l
das **Ballett**	ballet	'bælei
die **Banane**	banana	bə'na:nə
die **Bank**	bank	bænk
die **Bank** (zum Sitzen	bench	bentsch
der/die **Bank-direktor/-in**	bank manager (m/w)	bænk 'mænidschə
barfuß gehen	to walk barefoot	wok'beəfut
einen **Bart** haben	to have a beard	hævə'biard
basteln	to make things	'meik'ðings
der **Bauer**, die **Bäuerin**	farmer (m/w)	'fa:mə
der **Bauernhof**	farm	fa:m
der **Baum**	tree	tri:
die **Baumwolle**	cotton	'kotn
bedienen	to serve	sə:v
Bedien dich!	Help yourself!	'helpiuə'self
Ist die **Bedienung** inbegriffen?	Is service included?	iz'sə:vis in:kludid
Die **Bedienung** ist nicht inbegriffen!	Service not included!	'sə:vis:not in'kludid
sich **beeilen**	to hurry	'hari
die **Beerdigung**	funeral	fi'unərəl
Beiliegend ...	please find enclosed	pli:s faind inkloused
das **Bein**	leg	leg
sich das **Bein** brechen	to break your leg	'breikiuə'leg
beitreten	to join	dschoin
bekommen	to receive	ri'si:v
beladen	to load	loud
Belgien	Belgium	'beldschəm
beliebt	popular	'popiulə
bellen	to bark	ba:k
das **Benzin**	petrol	'petrl
der **Berg**	montain	'mauntin
bergsteigen	to go mountain-eering	gou mauntən'i:ring
der/die **Berg-steiger/-in**	climber(m/w)	'klaimə
der **Beruf**	profession	prə'feschn
berühmt	famous	'feiməs
berühren	to touch	tatsch
die **Besatzung**	crew	kru:

beschleunigen	to accelerate	æk'seləreit
sich **besser** fühlen	to feel better	fi:l betə
eine Prüfung **bestehen**	to pass an exam	'pa:sən ik'sæm
bestellen (Essen)	to order	'o:də
ein Zimmer **bestellen**, reservieren	to reserve a room	ri'sə:və'ru:m
das **Bett**	bed	bed
ins **Bett** gehen	to go to bed	'goutu'bed
das **Bettlaken**	sheet	schi:t
der **Bezirk**	district	'distrikt
der **BH (Büstenhalter)**	bra	bra:
die **Bibliothek**	library	laibrəri
die **Biene**	bee	bi:
das **Bier**	beer	bi:ə
das **Bild**	painting	'painting
das **Bilderbuch**	picture book	'piktschəbuk
die **Bildergeschichte**	comic	'komik
die **Binde**	bandage	'bændidsch
Biologie	biology	bai'olədschi
die **Birne**	pear	peə
Bis bald!	See you later.	si:iu'leitə
blass, hell	pale	peil
das **Blatt**	leaf	li:f
blau	blue	blu:
der **blaue** Flecken	bruise	bru:z
der **Bleistift**	pencil	'pensl
der **Blick**	view	vju:
der **Blinker**	indicator	'indikeitə
der **Blitz**	lightning	'laitning
blöd	silly	'sili
blonde Haare haben	to have blond hair	blond'heə
die **Blume**	flower	'flauə
das **Blumenbeet**	flowerbed	'flauəbed
der **Blumenkohl**	cauliflower	'ko:liflauə
das **Blumengeschäft**	florist	'florist
Blumen pflücken	to pick flowers	'pik'flouəs
der **Blumenstrauß**	bunch of flowers	'banschov'flouəs
die **Blumenzwiebel**	bulb	balb
die **Bluse**	blouse	blauz
die (grünen) **Bohnen**	(green) beans	(gri:n) 'bi:nz
böse, ärgerlich	cross	kros
die **Boutique**	boutique	bu'ti:k
braun	brown	braun
braune Haare	brown hair	braun 'heə
die **Braut**	bride	braid
der **Bräutigam**	bridegroom	'braidgru:m
(sich er-)**brechen**	to vomit	'vomit
breit	broad	bro:d
die **Breite**	width	witð
bremsen	to slow down	slou'daun
das **Brettspiel**	board game	bo':dgeim
der **Brief**	letter	'letə
der **Briefkasten**	post-box	'poust boks
die **Briefmarke**	stamp	stæmp
Briefmarken sammeln	to collect stamps	kə'lekt 'stæmps
das **Briefpapier**	writing paper	'raiting peipə
die **Brieftasche**	wallet	'wolit
der **Briefträger**	postman	'poustmæn
der **Briefumschlag**	envelope	'enviloup
eine **Brille** tragen	to wear glasses (M)	weə gla:səs
(bei-)**bringen**	to fetch	fetsch
die **Brosche**	brooch	brəutsch
das **Brot**	bread	bred
das **Brötchen**	roll	roul
der **Bruch**	fraction	frækschn
die **Brücke**	bridge	bridsch
der **Bruder**	brother	'braðə
brüllen	to roar	ro:ə
die **Brust**	brest	tschest
brustschwimmen	to do the breast-stroke	'breststrouk
das **Buch**	book	buk
das **Buch-** und Schreibwarengeschäft	bookshop and stationer's	'bukschopænd' steischənəs
die **Buchhandlung**	bookshop	'bukschop
der **Buchstabe**	letter	'letə
bügeln	to iron	'aiən
die **Bühne**	stage	steidsch
das **Bühnenbild**	scenery	'sinri
das **Bullauge**	porthole	'po:thoul
der **Bürgersteig**	pavement	'peivmənt
das **Büro**	office	'ofis
das **Bürogebäude**	office block	'ofisblok
die **Bürste**	brush	brasch
der **Bus**	bus	bas
den **Bus** nehmen	to take the bus	teik ðebas
der **Busch**	bush	busch
die **Bushaltestelle**	bus stop	'basstop
die **Butter**	butter	'batə
die **Butterblume**	buttercup	'batəkap

C

der **Campingplatz**	campsite	'kæmpsait
das **Cello**	cello	'tschelou
der/die **Chef/-in**	Boss (m/w)	bos

Chemie	chemistry	'kemistri
China	China	'tschainə
der/die **Chirurg/-in**	surgeon (m/w)	'sə:dschən
der **chirurgische** Eingriff	operation	opə'reischən
der **Chor**	choir	'kwaiə
der **Comic**	comic	'komik
der **Computer**	computer	kompi'utə

D

das **Dach**	roof	ru:f
der **Dachboden**	attic	'ætik
der **Dahlie**	dahlia	'deiljə
damals	then	ðen
Dame spielen	to play draughts	plei'dra:fts
danken	to thank	ðænk
Danke, sehr gut	Very well, thank you.	'veriwel' ðænkiu
das **Datum**	date	deit
die **Dauerwurst**	salami	sə'la:mi
der **Daumen**	thumb	ðam
davonlaufen	to run away	ran æwei
das **Deck**	deck	dek
demnächst	in the near future	'in ðəniəfiudschə
demokratisch	democratic	demə'krætik
Ich **denke** an dich.	Thinking of you.	'ðinkingoviu
der/die **Designer/-in**	designer (m/w)	di'sainə
Deutsche Demokratische Republik (DDR)	German Democratic Republic (GDR)	'dschə:man demə'krætik ri'pablik
Deutsch	German	'dschə:mən
Bundesrepublik **Deutschland** (BRD)	Federal Republik of Germany (FRG)	'federal ri'pablik of 'dschə:məni
Dezember	December	di'sembə
die **Dichtung**	poetry	'pouetri
Dienstag	tuesday	ti'uzdi
dick	fat	fæt
der **Direktor**	headmaster	hedma:sta
die **Direktorin**	headmistress	'hedmistrəs
der **Dirigent**	conductor	kən'daktə
der **Diskjockey**	disc jockey	'disk'dschoki
in die **Disko** gehen	to go to a disco	'goutuə'diskou
dividieren	to divide	di'vaid
dividiert durch	divided by	di'vaidid'bai
das **Dock**	docks (M)	doks
der **Dom**	cathedral	ka'ði:drəl
der **Donner**	thunder	'ðandə
Donnerstag	thursday	'ðə:sdi
das **Doppelzimmer**	double room	'dabl'ru:m
das **Dorf**	village	'vilidsch
die **Dose**	tin	tin
drei	three	ðri:
das **Dreieck**	triangle	'traiængl
dreißig	thirty	ðə:ti
drei Viertel	three quarters	ðri:'kwo:təs
dreizehn	thirteen	'ðə:ti:n
dringende Mitteilung	urgent message	a:dschənt' mesidsch
der **dritte**	the third	ðə:d
ein **Dritter**	a third	ðə:rd
die **Drogerie**	chemist	'kemist
die **Drossel**	thrush	ðrasch
drücken, schieben	to push	pusch
der **Duft**	scent	sent
dumm, albern	silly	'sili
dünn	thin	ðin
dunkel(-häutig)	dark	da:k
Es ist **dunkel**.	It is dark.	it iz da:k
Es wird **dunkel**.	It is getting dark.	it iz 'geting' da:k
dunkelblau	navy blue	neiviblu:
dunkelviolett	purple	pə:pl
durch	through	ðru:
durstig	thirsty	'ðə:sti
die **Dusche**	shower	schauə
mit **Dusche**	with shower	wið'schauə
sich **duschen**	to have a shower	hævəschauə
der **Dutyfree-shop**	duty-free-shop	'dju:tifri:ʃschop

E

die **Ecke**	corner	ko:nə
die **Ehe**	marriage	'mæridsch
die **Ehefrau**	wife	waif
der **Ehemann**	husband	'həzbənd
der **Ehering**	wedding ring	'wedingring
die **Eiche**	oak tree	'ouktri:
das **Eichhörnchen**	squirrel	'skwirl
die **Eier**	eggs	egz
Eier legen	to lay eggs	lei'egz
es **eilig** haben	to be in a hurry	'bi:inə'hari
der **Eimer**	bucket	'bakit
die **Einbahnstraße**	one way street	'wanwei'stri:t
einchecken	to check in	tschek'in
Einfahrt verboten	no entry	nou'entri
Eingang	entrance	'entrens
die **Eingangstür**	front door	frantdo:r
einheften	to stick	stik
einkaufen gehen	to go shopping	gou'schoping
einkaufen (auf dem Markt)	market shopping	ma:kit schoping

eine **Einkaufsliste** machen	to make a list	'meikə'list
die **Einkaufstasche**	Shopping bag	'schoping bæg
der **Einkaufswagen**	trolley	'troli
einkleben	to stick	stik
einladen	to invite	in'vait
eins	one	wan
einschlafen	to fall asleep	fo:lə'sli:p
einsteigen	to get on	get'on
(ins Flugzeug) **einsteigen**	to board	bo:d
jemanden **einstellen**	to employ someone	im'ploisamwan
Einverstanden.	I agree.	aiə'gri:
(die Post) **einwerfen**	to post	poust
das **Einzelkind**	only child	'onli'tschaild
das **Einzelzimmer**	single room	'singl'ru:m
einziehen	to move in	mu:v'in
das (Speise-)**Eis**	ice-cream	'aiskri:m
der **Eisbär**	polar bear	'pouləbeə
die **Eisenbahn**	railway	'reilwei
der **Eiszapfen**	icicle	'aisikl
der **Elefant**	elephant	'elifənt
die **Elektrizität**	electricity	ilek'trisiti
elf	eleven	i'levn
der **Ell(en)bogen**	elbow	'elbou
die **Eltern**	parents	'pærents
der **Empfang**	reception	ri'sepschn
Englisch	English	'inglisch
der **Enkel**	grandson	'grændsən
die **Enkelin**	granddaughter	'grænddo:tə
die **Ente**	duck	dak
entladen	to unload	'anloud
jemand **entlassen**	to fire someone	'faiə'samwan
die **Entleerungszeiten**	collection times	ko'lekschntaimz
die **Erbse**	pea	pi:
die **Erdbeere**	strawberry	'stro:bri
die **Erde**	earth	ə:ð
die (Garten-)**Erde**	soil	soil
das **Erdgeschoss**	ground floor	'graund'flo:
Erdkunde	geography	dschi'ogrəfi
der **Erdteil**	continent	'kontinənt
halb **erfroren** sein	to freeze	fri:s
eine **Erkältung** haben	to have a cold	hævə'kould
sich nach den Weg **erkundigen**	to ask the way	'a:skðə'wei
ernten	to harvest	ha:vist
erschrocken	frightened	'fraitənd
1. Klasse	first class	'fə:stkla:s
erster Stock	first floor	'fə:st'flo:
der **Esel**	donkey	'danki
essen	to eat	i:t
das **Essen** ist fertig!	It's ready!	its'redi
der **Essig**	vinegar	'vinegə
das **Esszimmer**	dining room	'daining'ru:m
die **Eule**	owl	aul
Europa	Europe	'iurəp

F

die **Fabrik**	factory	'fæktri
das (Schul-)**Fach**	subject	'sabdschekt
der **Faden**	thread	ðred
die **Fähre**	ferry	'feri
fahren	to drive	'draiv
mit dem Bus **fahren**	to take the bus	'teik ðə'bas
der/die **Fahrer/-in**	driver (m/w)	'draivə
der **Fahrgast**	passenger	'pæsndschə
das **Fahrgeld**	fare	feə
die **Fahrkarte**	ticket	'tikit
der **Fahrkartenautomat**	ticket machine	tikitmə'schi:n
der **Fahrkartenschalter**	ticket office	'tikit'ofis
der **Fahrplan**	timetable	'taimteibl
das **Fahrrad**	bicycle/bike	baisikl/baik
Fahrrad fahren	to ride a bicycle	raidə'baisikl
der **Fahrschein**	ticket	'tikit
fallen lassen	to drop	drop
falsch	false	fo:ls
falsch singen	to sing out of tune	singautov'tiu:n
die **Familie**	family	'fæmli
der **Familienname**	surname	'sə:neim
fangen	to catch	kætsch
die **Farbe** (z. B. die Farbe „Rot"	colour	'kalə
die **Farbe** (zum Streichen und Malen)	paint	peint
die **Farbstifte**	coloured pencils	'kaləd'pensls
faul	lazy	'leizi
Februar	February	'februəri
die **Feder**	feather	'feðə
das **Federbett**	featherbed	'feðəbed
das **Federmäppchen**	pencil case	'penslkeis
feiern	to celebrate	'seləbreit
der **Feinkostladen**	delicatessen	delika'tesən
das **Feld**	field	fi:ld
die **Felge**	rim	rim
das **Fell**	fur	fə:
der **Felsen**	rock	rok
das **Fenster**	window	'windou

Ferien machen	to go on holiday	'gou'on'holidei
das **Fernrohr**	telescope	'teliskoup
fernsehen	to watch television	'wotsch tele'vischn
der **Fernseher**	television	tele'vischn
die **Ferse**	heel	hi:l
das **Fest**	Party	pa:ti
sich **festhalten** an	to hang on to	hæng'on tu
das (Kamin-)**Feuer**	fire	'faiə
jemand **feuern**	to fire someone	'faiə'samuan
das **Feuerwehrauto**	fire engine	'faiə'endschin
der **Feuerwehrmann**	fireman	'faiə'mæn
Feuerwehrwache	fire station	'faiə'steischn
Fieber haben	to have a temperature	hævæ tempridschə
Fieber messen	to take someone's temperature	'teiksamwans 'tempridschə
der **Film**	film	film
sich einen **Film** ansehen	to see a film	si:əfilm
in der Anlage **finden** Sie	Please find enclosed	'pli:zfaind in'clouzd
der **Finger**	finger	finggə
der **Fisch**	fish	fisch
einen **Fisch** fangen	to catch a fish	'kætschə'fisch
das **Fischerboot**	fishing boat	'fischingbout
das **Fischgeschäft**	fishmonger	'fischmangə
sich **fit** halten	to be fit	bi:fit
flach	shallow	schælou
die **Flagge**	flag	flæg
die **Flasche**	bottle	'botl
das **Fleisch**	meat	mi:t
der **Fleischer**	butcher	'butschə
fleißig	hard-working	ha:dwə:king
flicken, reparieren	to mend	mend
die **Fliege**	fly	flai
fliegen	to fly	flai
die **Flitterwochen** (M)	honeymoon	'hanimu:n
der **Flügel**	wing	wing
der **Flughafen**	airport	'eəpo:t
das **Flugticket**	airline ticket	'eəlain'tikit
das **Flugzeug**	airplane	'eəplein
der **Fluss**	river	rivə
das **Flusspferd**	hippopotamus	'hipəpotəməs
flüstern	to whisper	'wispə
folgen	to follow	folou
der **Föhn**	hairdrier	'heədreiə
sich die Haare **föhnen**	to dry your hair	draiiuə'heə
die **Forke**, Mistgabel	fork	fo:k
die **Form**	shape	scheip

das **Formular**	form	fo:m
der **Fotoapparat**	camera	'kæmrə
der/die **Fotograf/-in**	photographer (m/w)	fo'tografə
fotografieren	to take a photo	teikə'foutou
das **Fotomodell**	model (m/w)	'modl
die **Fracht**	cargo	ka:gou
fragen	to ask a question	'a:skə'kwestschn
nach dem Weg **fragen**	to ask the way	a:skðəwei
Frankreich	France	Fra:ns
Französisch	French	frensch
die **Frau**	woman	'wumən
Freitag	Friday	'fraidi
der **Freund**, die **Freundin**	friend (m/w)	'frend
freundlich	friendly	'frendli
Mit **freundlichen** Grüßen	Yours faithfully	iuəs'feiðfuli
der **Friedhof**	cemetery	'semətri
friedlich, **friedvoll**	peaceful	'pi:sful
frieren	to freeze	fri:z
frisch	fresh	fresch
der/die **Friseur/-in**	hairdresser (m/w)	'heədresə
Frohe Weihnachten!	MerryChristmas!	'meri'krisməs
fröhlich	cheerful	'tschiəful
der **Frosch**	frog	frog
der **Frost**	frost	frost
der **Fruchtsaft**	fruit juice	fru:tdschu:z
der **Frühling**	spring	spring
das **Frühstück**	breakfast	'brekfəst
der **Fuchs**	fox	foks
füllen	to fill	fil
der **Füller**	pen	pen
fünf	five	faiv
fünf nach 10	five past 10	'faiv pa:st'tən
der **fünfte**	the fifth	fifð
fünfzehn	fifteen	'fif'ti:n
fünfzig	fifty	'fifti
der **Fuß**	foot	fut
der **Fußabstreifer**	doormat	'do:mæt
der **Fußball**	football	'futbol
der **Fußballplatz**	pitch	pitsch
Fußball spielen	to play football	plei'futbol
der **Fußboden**	floor	flo:
der/die **Fußgänger/-in**	pedestrian (m/w)	pə'destriən
der **Fußgängerübergang**	pedestrian crossing	pədestriən 'krosing
füttern	to feed	fi:d

G

die **Gabel**	fork	fo:k
gähnen	to yawn	'jo:n
die **Galaxis**	galaxy	'gælæksi:
die (Kunst-)**Galerie**	art gallery	'a:t 'gælri
der **Gang**	aisle	eil
die **Gangway**	gangway	gængwei
die **Gans**	goose	'gu:z
die **Gänseblümchen**	daisy	'deisi
die **Garage**	garage	gæ'ra:sch
die **Garderobe**	cloakroom	'kloukru:m
im **Garten** arbeiten	to do the gardening	'ga:dəning
das **Garten-häuschen**	garden shed	'ga:dnsched
die **Gartenschaufel**	trowel	trauel
der/die **Gärtner/-in**	gardener (m/w)	'ga:denə
das **Gas**	gas	gæs
Gas geben	to accelerate	ak'seləreit
der **Gast**	guest	gest
das **Gebäck**	pastry	'peistri
das **Gebäude**	building	'bilding
geblümt	flowered	flauəd
geboren werden	to be born	bo:n
gebräunt	tanned	'tænd
der **Geburtstag**	birthday	'bə:ðdei
die **Geburt**	birth	bə:ð
die **Geburtstags-karte**	birthday card	'bə:ðdei'ka:d
die **Gedichte**	poetry	'pouetri
gegen	against	ægenst
gegenüber	opposite	'opəsit
die **Gegenwart**	present	'presənt
zu Fuß **gehen**	to walk	wo:k
das **Gehöft**	farm house	fa:mhaus
(an-)**gehören**	to belong to	bilongtu
gehorsam	obedient	obidiənt
die **Geige**	violin	'vaiolin
gelb	yellow	'jelou
das **Geld**	money	'mani
der **Geldbeutel**	purse	pə:s
der **Geldschein**	banknote	'bænknout
das **Geldstück**	coin	koin
Geld zur Bank bringen/einzahlen	to put money in the bank	put'maniinðə 'bænk
das **Gemälde**	painting	'peinting
das **Gemüse**	vegetables	'vedschitəbls
das **Gemüsebeet**	vegetable patch	'vedschtəbl 'pætsch
Geographie	geography	dschi'ogræfi:
die **Gepäckauf-bewahrung**	left luggage office	left'lagidsch'ofis

das **Gepäcknetz**	luggage rack	'lagidschræk
der **Gepäckträger**	porter	po:tə
der **Gepäckwagen**	trolley	'troli
gepunktet	spotted	'spotid
geradeaus weiter-fahren	to go straight on	'goustreit'on
die **Geranie**	geranium	dscher'einiəm
gern mögen	to be fond of	'fond ov
das **Geschäft**	shop	schop
das **Geschenk**	present	'prezənt
die **Geschichte**	history	'histri
geschickt	skilful	skilful
das **Geschirrtuch**	tea towel	'ti:tauəl
geschlossen	shut	schat
der **Geschmack** (vom Essen)	flavour	fleivə
die **Geschwister** (M)	brother and sister	'braðəænd'sistə
die **Gesellschaft**	society	sə'saiəti
das **Gesicht**	face	feis
die **Gesichtscreme**	face cream	feiskri:m
die **Gesichtsfarbe**	complexion	'komplekschən
gestern	yesterday	'jestədi
gestern Abend	yesterday evening	'iestədi'ivning
gestern früh	yesterday morning	'iestədi'mo:ning
gestreift	striped	straipd
gesund	healthy	'helði
gesund machen	to cure	ki'uə
geteilt	divided by	di'vaidid'bai
Getreide	grain	grein
getrennt	separately	'seprətli
das **Gewächshaus**	greenhouse	'gri:nhaus
die **Gewerkschaft**	trade union	'treid'iuniən
das **Gewicht**	weight	weit
gewinnen	to win	win
das **Gewitter**	thunderstorm	'ðandəsto:m
die **Gewürze**	spices	'spaisəs
die **Gewürz-kräuter**	herbs	hə:bz
gießen	to pour	poə
die **Gießkanne**	watering can	'wo:təring'kæn
der **Gipfel**	summit	'samit
die **Giraffe**	giraffe	dschi'ra:f
die **Gitarre**	guitar	gi'ta:
das **Glas**	glas	gla:s
glatte Haare	straight hair	'strei'heə
eine **Glatze** haben	to be bald	bi:bo:ld
gleich, ähnlich	same	seim
das **Gleis**	track	træk
die **Glocke**	bell	bel
glücklich sein	to be happy	hæpi
Glückliches neues Jahr!	Happy New Year!	'hæpiniu'jiə:

Herzlichen **Glückwunsch** zum Geburtstag	Happy Birthday!	'hæpibə:rðdei
aus **Gold**	(made of) gold	'gould
der **Goldfisch**	goldfish	'gouldfisch
das **Goldfischglas**	goldfish bowl	'gouldfisch'boul
der **Golfschläger**	golf club	'golfclab
Golf spielen	to play golf	plei'golf
der **Gorilla**	gorilla	gə'rila
graben	to dig	dig
die **Grammatik**	grammar	'græmə
das **Gras**	grass	gra:s
gratulieren	to congratulate	kon'grætjuleit
grau	grey	grei
der **Griffelkasten**	pencil case	pensilkeis
groß	big	big
groß (Ausdehnung)	large	la:dsch
groß (Person)	tall	to:l
groß (Wert)	great	greit
Was ist das für eine **Größe**?	What size is this?	wotsaisisðis
Großbritannien	Great Britain	greit'britn
der **Großbuchstabe**	capital letter	'kæpitl'letə
die **Großmutter**	grandmother	'grændmaðə
groß sein	to be tall	to:l
der **Großvater**	grandfather	'grændfaðə
die **Grundschule**	primary school	'praimrisku'l
grün	green	gri:n
die **grünen** Bohnen	green beans	'gri:n 'bi:nz
die **Gummistiefel**	wellington boots	'welingtən 'bu:ts
der **Gürtel**	belt	belt
Gut! (beim Tennis)	In!	in
gut aussehend	handsome	'hænsəm
Guten Appetit!	Enjoy your meal!	in'dschoiiuə'mi:l
Guten Morgen!	Good morning!	gu:d'mo:ning
Gute Nacht!	Good night!	gu:d'nait
der **Güterzug**	goods train	'gu:dstrein

H

das **Haar**, die **Haare**	hair	heə
sich die **Haare** waschen	to wash your hair	'woschiu'heə
sich die **Haare** bürsten	to brush your hair	'braschiu'heə
der **Hafen**	port	'po:t
die **Hafenanlage**	docks (M)	doks
der **Hagel**	hail	heil
das **Hähnchen**	chicken	'tschikn
der **Hahn**	cock	kok
der **Haken**	hook	huk

halb elf	half past 10	'ha:f past'ten
halber Liter	half a litre	'ha:f ə'litə
halbes Kilo, ein Pfund	half a kilo	'ha:fə'kilou
der **Halbunterrock**	waist slip	weist slip
eine **Hälfte**	a half	ha:f
Hallo!	Hello!	he'lou
der **Hals**	neck	nek
die **Halskette**	necklace	'nəkləs
halten	to hold	hould
der **Hammer**	hammer	'hæmə
der **Hamster**	hamster	'hæmstə
die **Hand**	hand	hænd
die **Hand** geben	to shake hands	scheik'hændz
der **Handelsvertreter**	sales representative	seils ripri'sentətiv
das **Handgelenk**	wrist	rist
das **Handgepäck**	hand luggage	'hænd'lagidsch
die **Handschuhe**	gloves	glavz
die **Handtasche**	handbag	'hændbæg
das **Handtuch**	towel	'tauəl
sich **hängen** an	to hang on to	'hængontu
der **Hängeschrank**	cupboard	kapbo:d
das **Hauptgericht**	main course	'mein'co:s
das **Häuschen**	cottage	kotidsch
das **Haus**	house	haus
der **Hausdiener**	porter	po:tə
der/die **Hausmeister/-in**	caretaker (m/w)	'keəteikə
die **Hausschuhe**	slippers	slipəs
die **Haustür**	front door	'front'do:r
die **Hauswirtin**	landlady	'lændleidi
Ich bin zu **Hause**.	I'm at home.	aimæthoum
in einem **Haus** wohnen	to live in a house	'livinə'haus
die **Haut**	skin	skin
das **Heft**	copy book	kopibuk
das **Heftpflaster**	sticking plaster	stikingpla:sta
heilen	to cure	ki'uə
der **Heilige** Abend	Christmas Eve	'krismәzi:v
Mir ist **heiß**.	I'm hot.	aim'hot
Er **heißt** ...	His name is ...	hiz'neim'iz
heiraten	to marry, to get married	'mæri get'mærid
heißes Wasser	hot water	hotwo:tə
der **Heizkörper**	radiator	'reidieitə
der **Held**	hero	'hirou
die **Heldin**	heroine	'herouin
hell	bright	brait
Es wird **hell**.	It is getting light.	itz'geting'lait
Es ist **hell**.	It is bright.	itizbrait
hell(-häutig)	fair	feə
das **Hemd**	shirt	schə't

die **Henne**	hen	hen
der **Herbst**	autumn	'o:tm
die **Herde**	flock	flok
der **Hering**	herring	'hering
das **Heu**	hay	hei
heute	today	tu'dei
heute Abend	this evening	ðis'ivning
heute früh	this morning	ðis'mo:ning
Hier ist Alice (am Telefon).	It's Alice.	its'ælis
die **Himbeere**	raspberry	ra:sbri
der **Himmel**	sky	skai
hinauf	up	ap
hinaufgehen (im Haus)	to go upstairs	gouapsteəz
sich **hinlegen**	to lie down	lai'daun
sich **hinsetzen**	to sit down	sit'daun
hinstellen, hinlegen	to put down	put'daun
hinter	behind	be'haind
hinunter	down	daun
hinuntergehen	to go downstairs	goudaunsteəz
die **Hochzeit**	wedding	'weding
der **Höcker**	hump	hamp
Hof(-platz)	farmyard	fa'mia:d
höflich	polite	pə'lait
die **Höhe**	height	hait
aus **Holz**	(made of) wood	'wud
der **Honig**	honey	'hani
Ich habe mich sehr gefreut, von dir zu **hören**.	It was lovely to hear from you.	itwoz'lavlitə 'hiəfromiu
der **Hörer**	receiver	ri'sivə
die **Hose**	trousers (M)	'trauzəz
das **Hotel**	hotel	hou'tel
in einem **Hotel** übernachten	to stay in a hotel	'steiinəhou'tel
hübsch	pretty	'priti
der **Hügel**	hill	hil
das **Huhn**	hen	hen
der **Hühnerstall**	henhouse	'henhaus
der **Hund**	dog	dog
das **Hündchen**	puppy	'papi
die **Hundehütte**	kennel	'kenl
hundert	hundred	'handrəd
hungrig	hungry	'hangri
die **Hupe**	horn	ho:n
der **Hut**	hat	hæt

I

Ich bin neunzehn.	I'm nineteen.	'aimnain'ti:n
Ich heiße ...	My name is ...	mai'neimiz
Ich hätte gerne ...	I would like ...	aiwud'laik
der **Igel**	hedgehog	'hedschhog
die **Illustrierte**	magazine	'mægəzin
in, **im**	in	in
in der Schule	at school	æt'sku:l
Indien	India	'indiə
Informatik	computer studies	kom'piutə'stadiz
in ... hinein	into	'intu
die **Innenstadt**	town centre	'taunsentə
das **Instrument**	instrument	'instrumənt
interessant	interesting	'intrəsting
interviewen	to interview	'intəviu
Italien	Italy	'itəli

J

ja	yes	ies
die **Jacke**	jacket	'dschækit
die warme **Jacke**	coat	kout
jagen	to chase	tscheis
das **Jahr**	year	jiə
die **Jahreszeit**	season	'si:zn
Januar	January	'dschæniuəri
Japan	Japan	'dschə'pæn
die **Jeans**	jeans (M)	dschi:nz
jetzt	nowadays, now	nauədeis, nau
joggen	to jog	dschog
der **Joghurt**	yoghurt	i'ogət
der/die **Journalist/-in**	journalist (m/w)	'dschənəlist
Juli	July	dschu:'lai
jung	young	iang
der **Junge**	boy	boi
jünger als	younger than	'ianggəðæn
Juni	June	dschu:n

K

der **Kabeljau**	cod	cod
die **Kabine**	cabin	'kæbin
der **Kaffee**	coffee	'kofi
die **Kaffeekanne**	coffee-pot	'kofipot
der **Käfig**	cage	keidsch
das **Kalb**	calf	ka:f
das **Kalbfleisch**	veal	vi:l
der **Kalender**	calendar	'kælində
Es ist **kalt**.	It's cold.	its'could
kaltes Wasser	cold water	'could'wo:tə
das **Kamel**	camel	'kæml
der **Kamin**	chimney	'tschimni
offener **Kamin**	fireplace	'faiə'pleis

am **Kamin**(-feuer) sitzen	to sit by the fire	'sitbaiðə'faiə
der **Kamm**	comb	koum
sich **kämmen**	to comb your hair	'koumiuə'heə
Kanada	Canada	'kænədə
der **Kanal**	channel	'tschænəl
der **Kandidat**	candidate	'kændideit
das **Känguru**	kangaroo	'kængəru
das **Kaninchen**	rabbit	ræbit
das **Kanu**	canoe	kə'nu:
der **Kapitän**	captain	'kæptn
die **Karotte**	carrot	'kærət
Karten spielen	to play cards	plei'ca:dz
die **Kartoffel**	potato	pə'teitou
das **Karussell**	roundabout	'raundəbaut
der **Käse**	cheese	tschi:z
die **Kasse** (im Supermarkt)	checkout	'tschek'aut
die (Kino-)**Kasse**	box-office	'boks'ofis
die **Kassette**	cassette	kə'set
der/die **Kassierer/-in**	cashier (m/w)	kæ'schiə
die **Kathedrale**, das Münster	cathedral	ka'ði:drəl
das **Kätzchen**	kitten	'kitn
die **Katze**	cat	kæt
kaufen	to buy	bai
das **Kaufhaus**	department store	di'pa:tməntsto:
der **Kegel**	cone	koun
die **Kekse**	biscuits	'biskits
der **Keller**	basement	'beismənt
der (Wein-)**Keller**	cellar	'selə
der **Kellner**	waiter	weitə
kentern	to capsize	'kæpsaiz
die **Kerze**	candle	kændl
das **Kilo**	kilo	'kilou
Ein **Kilo** ...	A kilo of ...	ə'kilouov
das **Kind**	child	'tschaild
die **Kinder**	children	'tschildrən
der **Kindergarten**	nursery school	'nə:srisku:l
im **Kindergarten**	at nursery school	aet'nə:srisku:l
das **Kinder**(gitter-)bett	cot	kot
der **Kinderwagen**	buggy	bagi:
die **Kindheit**	childhood	'tschaildhud
das **Kinn**	chin	tschin
das **Kino**	cinema	'sinəmə
der (Zeitungs-) **Kiosk**	newspaper stand	ni'uzpeipə 'stænd
die **Kirche**	church	'tschə:tsch
die **Kirsche**	cherry	'tscheri
das **Klassenzimmer**	classroom	'kla:sru:m
die **klassische** Musik	classical music	'klæsikəlmi'usik

klatschen	to clap	klæp
klatschnass	soaked to the skin	'soukd tu ðə'skin
das **Klavier**	piano	pi'anou
kleben	to stick	stik
das **Kleid**	dress	dres
die **Kleidung**	clothing	klouðing
klein	small	smo:l
klein sein (Körperhöhe)	to be short	sho:t
Haben Sie **Kleingeld**?	Have you any small change?	hæviu'ænismo:l 'tscheinsch
der/die **Klempner/-in**	plumber (m/w)	'plamə
klettern	to climb	klaim
auf einen Baum **klettern**	to climb a tree	'klaimə'tri:
das **Klima**	climate	'klaimit
die **Klingel** (z. B. Fahrrad)	bell	bel
die **Klingel** (Haustür)	doorbell	'do:bel
klingeln	to ring the bell	'ringðəbel
das **Knie**	knee	ni:
knien	to be kneeling	'ni:ling
der **Knoblauch**	garlic	'ga:lik
der **Knöchel**	ankle	ænkl
der **Knopf**	button	'batən
knurren	to growl	graul
kochen, schmoren	to cook	ku:k
der **Kochtopf**	saucepan	'so:spæn
der **Köder**	bait	beit
der **Koffer**	suitcase	'siutkeis
der **Kofferraum**	boot	bu:t
der **Kohl**	cabbage	'kæbidsch
komisch	funny	'fani
die **Konditorei**	cake shop	'keikschop
die **Konserven** (M)	tinned food	'tind'fu:d
der **Kontinent**	continent	kontinənt
der/die **Kontrolleur/-in**	ticket collector (m/w)	'tikit co'lektə
der **Kopf**	head	hed
der **Kopfhörer**	headphones (M)	'hedfounz
das **Kopfkissen**	pillow	'pilou
der **Kopfsalat**	lettuce	'letis
Kopfschmerzen haben	to have a headache	hævə'hedeik
der (Einkaufs-)**Korb**	basket	'ba:skit
der **Körper**	body	'badi
die **Körpergröße**	height	hait
Das **kostet** ...	That is ...	ðætiz
Es **kostet** ...	It costs ...	it'kosts
Köstlich!	delicious!	de'lischəs
Was **kostet** ...?	How much is ...?	hau'matschiz

das **Kostüm**	costume	'kostium
die **Kralle**	claw	clo:
sich **krank** fühlen	to feel ill	fi:l'il
das **Krankenhaus**	hospital	'hospitl
der **Krankenpfleger**	male nurse	'meil'nə:s
die **Krankentrage**	stretcher	stretschə
die **Krankenschwester**	nurse	nə:s
der **Krankenwagen**	ambulance	'æmbiuləns
der **Krapfen** (Schmalzgebäck)	doughnut	'dounat
kraulen	to do the crawl	kro:l
die **Kräuter**	herbs	hə:bs
die **Krawatte**	tie	tai
der **Krebs**	crab	kræb
die **Kreditkarte**	credit card	'kredit'ka:d
die **Kreide**	chalk	tscho:k
der **Kreis**	circle	'sə:kl
der **Krug**	jug	dschag
die **Küche**	kitchen	'kitschin
der **Kuchen**	cake	keik
der **Kugelschreiber**	ball-point pen	'bo:lpointpen
die **Kuh**	cow	kau
der **Kühlschrank**	fridge	fridsch
der **Kuhstall**	cowshed	'kausched
die **Kulisse**	scenery	'sinri
der **Kunde**, die **Kundin**	customer (m/w)	'kastənə
die **Kunstgalerie**	art gallery	'a:t'gæləri:
das **Kurzwarengeschäft**	needlecraft shop	'ni:dlkra:ft'schop
die **Kusine**	cousin	'kazn
einen **Kuss** geben	to kiss	kis

L

lächeln	to smile	smail
lachen	to laugh	la:f
in **Lachen** ausbrechen	to burst out laughing	bə:stautla:fing
der **Laden**	shop	schop
der/die **Ladenbesitzer/-in**	shopkeeper (m/w)	'schopki:pə
der **Ladentisch**	counter	'kauntə
der **Laderaum**	hold	hould
das **Laken**	sheet	schi:t
das **Lamm**	lamb	læm
die **Lammkeule**	leg of lamb	'legov'læm
die **Lampe**	light	lait
das **Land**	country	'kantri
auf dem **Land**	in the country	inðə'kantri
das **Land** (im Gegensatz zur Stadt)	countryside	'kantrisaid
landen	to land	lænd
das **Landhäuschen**	cottage	'kotidsch
die **Landkarte**	map	mæp
die **Landschaft**	landscape	'lændskeip
die **Landstraße**	road	roud
lang	long	long
die **Länge**	length	lengð
langsam	slow	slou
langweilig	boring	bo:ring
der **Lastwagen**	lorry	'lori
die **Latzhose**	dungarees (M)	danggə'ri:z
laufen	to run	ran
der **Laufsteg** (die Gangway)	gangway	'gængwei
laut, **lärmend**	noisy	noisi:
läuten	to ring	ring
der **Lautsprecher**	loudspeaker	'laudspi:kə
das **Leben**	life	laif
lebendig, angeregt	lively	laivli:
der **Lebensabend**	old age	'ould'eidsch
das **Lebensmittelgeschäft**	grocery shop	'grousri'schop
die **Leberwurst**	liver sausage	'livəsosidsch
(aus-)**leeren**	to empty	'empti
sich **lehnen** (auf, an)	to lean (on)	li:n (on)
der/die **Lehrer/-in**	teacher (m/w)	'ti:tschə
Leichtathletik	athletics (M)	æð'letiks
leicht (Schwierigkeit)	easy	'i:zi
leicht sein (Gewicht)	to be light	lait
die **Leiter**	ladder	'lædə
das **Lenkrad**	steering wheel	'stiəring wi:l
lernen	to learn	lə:n
lernen (z. B. für eine Prüfung)	to study	'stadi
lesen	to read	ri:d
ein Buch **lesen**	to read a book	'ri:də'buk
letzte	last	la:st
leuchtend	bright	brait
die **Leute** (M)	people (M)	pi:pl
die **Libelle**	dragonfly	'drægənflai
das **Licht**	light	lait
lieb	sweet	swi:t
lieben	to love	lav
Liebe Alice,	Dear Alice,	diə'ælis
Liebe Grüße von …	Love from …	'lav'from
der **Lieferwagen**	van	væn
liegen	to be lying	'laiing
lila	purple	'pə:pl

das **Lineal**	ruler	ru:lə
die **Linke**	left wing	left wing
die **linke** Seite	left side	'left'said
links abbiegen	to turn left	tə:n'left
die **Lippe**	lip	lip
der **Lippenstift**	lipstick	'lipstik
der **Liter**	litre	litə
der/die **Lkw-Fahrer/-in**	lorry-driver (m/w)	'lori'draivə
lockige Haare	curly hair	'cə:li'heə
der **Löffel**	spoon	spu:n
der **Lohn**	wages (M)	'weidschəz
die **Lokomotive**	engine	'endschin
losfahren	to start oft	sta:t'of
loslachen	to burst out laughing	'bə:staut'la:fing
der **Löwe**	lion	'laiən
der **Luftballon**	balloon	bə'lu:n
die **Luftpost**	airmail	'eəmeil
lustig	funny	'fani

M

machen	to make	meik
das **Mädchen**	girl	gə:l
März	March	ma:tsch
Magen	stomach	stomək
Magenschmerzen haben	to have stomach ache	hæv stoməkeik
Mai	May	mei
mal(-genommen mit)	times	taimz
malen	to paint	peint
der/die **Maler/-in**	painter (m/w)	'peintə
malnehmen	to multiply	'maltiplai
der **Mann**	man	mæn
das **Mannequin**	model (m/w)	'modl
die **Mannschaft**	team	ti:m
der **Mantel**	coat	kout
die **Margarine**	margarine	'ma:dschərin
marineblau	navy blue	neivi'blu:
der **Markt**	market	'ma:kit
Einkaufen auf dem **Markt**	market shopping	'ma:kit'schoping
der **Marktplatz**	market place	'ma:kitpleis
der **Marktstand**	market stall	'ma:kitsto:l
die **Marmelade**	jam	dschæm
März	March	ma:tsch
Mathematik	maths	mæðs
der **Matrose**	sailor	'seilə
matt	dull	'dal
die **Mauer**	wall	wo:l
der **Maulwurf**	mole	moul
der/die **Maurer/-in**	builder (m/w)	'bildə
die **Maus**	mouse	maus
der/die **Mechaniker/-in**	mechanic (m/w)	mi'kænik
die **Medien** (M)	the media (E)	'midia
das **Meer**	sea	si:
am **Meer**	at the seaside	ætðə'si:said
die **Meeresfrüchte**	sea food (M)	'sifu:d
das **Meerschweinchen**	guinea pig	'ginipig
das **Mehl**	flour	flauə
(die Kuhe) **melken**	to milk (the cows)	milk (ðəkaus)
die **Melodie**	tune	ti'u:n
die **Melone**	melon	'melən
die **Menschen,** Leute	people (M)	pi:pl
messen	to measure	'meschə
das **Messer**	knife	naif
der **Meter**	metre	'mi:tə
aus **Metall**	(made of) metall	'metəl
der **Metzger**	butcher	'butschə
miauen	to meow	mi:'au
der **Mieter**	tenant	'tenənt
das **Miethaus**	block of flats	'blokov'flæts
die **Milch**	milk	milk
die **Milchstraße**	galaxy	'gæləksi
das **Mineralwasser**	mineral water	'minərəl'wo:tə
der/die **Ministerpräsident/-in**	prime minister (m/w)	praim'ministə
minus	minus	'mainəs
die **Minute**	minute	'minit
mit	with	wið
das **Mitglied**	member	'membə
Mitglied sein	to belong to	bi'longtu
der **Mittag**	midday	'midei
das **Mittagessen**	lunch	lantsch
die **Mitte**	centre	'sentə
mittel	medium	'mediəm
die **Mitternacht**	midnight	'midnait
Mittwoch	Wednesday	'wenzdi
die **Möbel**	furniture	'fə:nitschə
modisch	fashionable	'faeschnəbl
der **Monat**	month	manð
die **Monatskarte**	monthly ticket	'manðli'tikit
der **Mond**	moon	mu:n
Montag	Monday	'mandi
das **Moped**	moped	'mouped
morgen	tomorrow	tə'morou
der **Morgen**	morning	'mo:ning
8 Uhr **morgens**	8 a.m.	'eitei'em
morgen Abend	tomorrow evening	tə'morou'ivning

morgen früh	tomorrow morning	tə'morou'mo:ning
das **Morgengrauen**	dawn	do:n
der **Morgenmantel**	dressing gown	'dresinggaun
das **Motorboot**	powerboat	'pauebout
die **Motorhaube**	bonnet	'bonit
das **Motorrad**	motorbike	'moutəbaik
die **Möwe**	seagull	'si:gal
die **Mücke**	mosquito	mos'kitou
der **Müllmann**	dustman	'dastmæn
multiplizieren	to multiply	'maltiplai
der **Mund**	mouth	mauð
die **Münze**	coin	koin
die **Muschelschale**	shell	schel
die **Musik**	music	mi'usik
der/die **Musiker/-in**	musician (m/w)	miu'sischən
Musik hören	to listen to music	'lisntumi'usik
das **Muster**	pattern	'pætən
mutig	brave	breiv
die **Mutter**	mother	'maðə
die **Mütze**	cap	cæp

N

nach	towards	tə'wo:dz
der **nächste** Montag	next Monday	'nekst'mandi
am **nächsten** Tag	the next day	ðə'nekst'dei
die **nächste** Woche	next week	'nekstwi:k
der/die **Nachbar/-in**	neighbour (m/w)	'neibə
nachlässig	careless	'keəlis
der **Nachmittag**	afternoon	a:ftə'nu:n
die **Nachrichten** (M)	news (E)	niuz
die **Nachspeise**	dessert	di'zə:t
die **Nacht**	night	nait
das **Nachthemd**	nightdress	'naitdres
der **Nachttisch**	bedside table	'bedsaid'teibl
die **Nachttisch-Lampe**	bedside lamp	'bedsaid'læmp
nackt	naked	'neikəd
die **Nadel**	needle	'ni:dl
in der **Nähe** von	near to	'niətu
nähen	to sew	sou
der **Name**	name	neim
die **Narzisse**	daffodil	'dafodil
die **Nase**	nose	nouz
der **Nebel**	fog	fog
Es ist **nebelig**.	It's foggy.	its'fogi
neben	beside	bi'said
der **Neffe**	nephew	'nefiu
nein	no	nou
das **Nest**	nest	nest
nett	nice	nais
das **Netz**	net	net
neu	new	nju:
der **Neujahrstag**	New Year's Day	ni'uiəz'dei
neun	nine	nain
neunzehn	nineteen	'nain'ti:n
neunzig	ninety	'nainti
Neuseeland	New Zealand	niu'zi:lænd
die **Nichte**	niece	ni:s
Nichtraucher	No smoking	'nou'smouking
Nichts zu verzollen.	Nothing to declare.	'naðingtudi'kleə
niederknien	to knee down	ni:l'daun
die **Niederlande**	Netherlands	'neðəlændz
niesen	to sneeze	sni:z
das **Nilpferd**	hippopotamus	hipə'potəməs
der **Notfall**	emergency	im'ədschensi
die **Notaufnahme**	casualty department	'kæschuəlti di'pa:tment
den **Notruf** wählen	to dial 999	'daiəl'nain'nain 'nain
der **Norden**	North	no:ð
der **Nordpol**	North Pole	'noðpoul
November	November	nou'vembə
die **Nudeln**	noodles	'nu:dlz
nützlich	useful	'ju:sful
null	zero	'zirou
das **Nummernschild**	number plate	'nambəpleit

O

oben	upstairs	'ap'steəz
nach **oben** gehen	to go upstairs	'gou'upsteəz
das **Obst**, Frucht	fruit	fru:t
der **Obstgarten**	orchard	'o:tschəd
der **Obstsaft**	fruit juice	'fru:tdschu:s
die **Obsttorte**	tart	ta:t
öffnen	to open	'oupən
einen Brief **öffnen**	to open a letter	'oupənə'letə
ohne	without	wið'aut
in **Ohnmacht** fallen	to faint	feint
das **Ohr**	ear	iə
die **Ohrringe**	earrings	'iəringz
Oktober	October	ok'toubə
das **Öl**	oil	oil
der **Onkel**	uncle	ankl
die **Oper**	opera	'opəra
der **Operationssaal**	operating theatre	'opəreiting'ði:ətə

orange	orange	'orindsch
das **Orchester**	orchestra	'okistrə
der **Osten**	east	i:st
die **Osterglocke**	daffodil	'dafodil
Ostern	Easter	i:stə
Österreich	Austria	'ostriə

P

packen	to pack	pæk
die **Packung**	packet	'pækit
das **Paket**	parcel	'pa:sl
eine **Panne** haben	to have a breakdown	'hævə 'breikdaun
die **Pantoffeln**	slippers	'slipəz
die **Papiertüte**	paper bag	'peipəbæg
das **Parfüm**	perfume	'pə:fiu:m
der **Park**	park	pa:k
parken	to park	pa:k
Parken verboten!	No parking!	nou'pa:king
der **Parkplatz**	car-park	'ka:pa:k
der/die **Park-wächter/-in**	park keeper (m/w)	'pa:k ki':pə
das **Parlament**	parliament	'pa:ləmənt
die **Partei**	party	'pa:ti
das **Parterre**	ground floor	'ground'flo:
der (Reise-)**Pass**	passport	'pa:s'po:t
das **Passagier-schiff**	liner	'lainə
der/die **Patient/-in**	patient (m/w)	'peischənt
die **Pause**	break	breik
der **Pazifik**	Pacific Ocean	pə'sifik'ouschən
die **Pension**, das Gästehaus	guest house	'gesthaus
der **Pfad**	path	pa:ð
der **Pfarrer**	vicar	'vikə
der **Pfeffer**	pepper	'pepə
das **Pferd**	horse	ho:s
das **Pferderennen**	horse racing	'ho:s reising
der **Pferdestall**	stable	steibl
der **Pfirsich**	peach	pi:tsch
pflanzen	to plant	pla:nt
die **Pflaume**	plum	plam
pflücken	to pick	pik
pflügen	to plough	plau
die **Pfote**	paw	po:
Ein **Pfund** ...	A pound of ...	ə'paundov
die **Pfütze**	puddle	padl
Physik	physics	'fisiks
das **Picknick**	picnic	'piknik
der/die **Pilot/-in**	pilot (m/w)	'pailət
der **Pinguin**	penguin	'penguin
der **Pinsel**	brush	brasch
die **Piste**	ski slope	'skisloup
der **Planet**	planet	'plaenət
planschen	to splash	splæsch
(im Wasser herum-) **planschen**	to paddle	'pædl
aus **Plastik**	(made of) plastic	'plæstik
die (Schall-)**Platte**	record	'rekəd
einen **Platten** haben	to have a flat tyre	hævə'flæt'taiə
der **Plattenspieler**	record-player	'rekəd'pleiə
der **Platz**	square	skweə
die **Platz-anweiserin**	usherette	aschə'ret
eine **Platzkarte** kaufen	to reserve a seat	ri'sə:və'si:t
plaudern	to chat	tschæt
eine **Plombe** (Füllung) bekommen	to have a filling	hævə'filing
plus	plus	plas
die **Politik**	politics	'politiks
das **Polizeiauto**	police car	pə'liska:
das **Polizeirevier**	police station	pə'lis'steischn
der **Polizist**	policeman	pə'lismæn
die **Polizistin**	policewoman	pə'lis'wumən
der **Pony** (Frisur)	fringe	frindsch
die **Popmusik**	pop music	popmi'uzik
populär	popular	popjulə
der **Portier**	porter	'po:tə
die **Post**	mail	meil
das **Postamt**	post office	'poust'ofis
der **Postbote**	postman	'poustmæn
die **Postkarte**	postcard	'poustka:d
die **Postleitzahl**	postal code	'poustl'koud
postwendend	by return of post	bairi'tə:nov' poust
der/die **Präsident/-in**	president (m/w)	'prezidənt
der **Preis**	price	prais
Das ist **preiswert**.	That's good value.	ðæts'gu:d'væliu
die **Prellung**	bruise	bru:z
der **Priester**	priest	pri:st
probieren, abschmecken	to taste	teist
das **Programm**	programme	'prougrəm
die **Prüfung**	exam	ik'sæm
eine **Prüfung** bestehen	to pass an exam	pa:sənik'sæm
durch eine **Prüfung** fallen	to fail an exam	'feilənik'sæm
eine **Prüfung** machen	to sit an exam	'sitənik'sæm
das **Publikum**	audience	'o:diens

der **Pullover**	jumper	'dschampə
den **Puls** messen	to take the pulse	'teikðə'pals
der **Punkt**	full stop	ful'stop
pünktlich	on time	on'taim
pünktlich kommen	to be on time	bi:on'taim

Q

das **Quadrat**	square	skweə
die **Quittung**	receipt	ri'si:t

R

das **Rad** (ohne Reifen), die Felge	rim	rim
das **Rad**	wheel	wi:l
der **Radiergummi**	rubber	rabə
Radio hören	to listen to the radio	'lisntuðe 'reidiou
des **Randbezirk**	suburb	'sabəb
der **Rasen**	lawn	lo:n
den **Rasen** mähen	to mow the lawn	'mouðəlo:n
der **Rasenmäher**	lawnmower	'lo:nmouə
sich **rasieren**	to shave	scheiv
der **Rasierapparat**	electric shaver	i'lektrik'scheivə
der **Rasierer**	razor	'reizə
der **Rasierschaum**	shaving foam	'scheiving foum
das **Rathaus**	town hall	'taunho:l
der **Rauch**	smoke	smouk
Rauchen verboten!	No Smoking!	nou smouking
der **Rauminhalt**	volume	'volium
das **Raumschiff**	spaceship	'speisschip
des **Rebstock**	vine	vain
der **Rechen**	rake	reik
rechnen	to do sums	du:'samz
der (Taschen-) **Rechner**	calculator	'kælkiuleitə
die **Rechnung** (z.B. im Restaurant)	bill	bil
die **Rechnung**	receipt	ri'si:t
die **Rechte**	right wing	'raitwing
das **Rechteck**	rectangle	'rektængl
die **rechte** Seite	right side	'raitsaid
rechts abbiegen	to turn right	tə:n rait
der **Rechtsanwalt**, die **Rechtsanwältin**	lawyer (m/w)	'loiə
die **Recht-schreibung**	spelling	speling
der **Regen**	rain	rein
der **Regenbogen**	rainbow	'reinbou
der **Regenmantel**	raincoat	'reinkout
der **Regenschirm**	umbrella	am'brelə
der **Regentropfen**	raindrop	reindrop
die **Regierung**	government	'gavənmənt
Es **regnet**.	It's raining.	its'reining
reif	ripe	raip
der **Reif**	frost	frost
der **Reifen**	tyre	'taiə
der **Reis**	rice	rais
der **Reisebus**	coach	koutsch
der/die **Reisende**	traveller (m/w)	'trævlə
reißen	to tear	teə
der **Reißverschluss**	zip	zip
die **Reklame**	advertisement	əd'və:tismənt
der **Rektor**	headmaster	'hedma:stə
in **Rente** gehen	to retire	ri'taiə
reparieren	to mend	mend
reservierter Platz	reserved seat	ri'sə:vd'si:t
einen Sitzplatz **reservieren**	to reserve a seat	risə:rvə'si:t
das **Restaurant**	restaurant	'restrant
der **Rettungs-schwimmer**	lifeguard	'laifga:d
das **Rezept** (vom Arzt)	prescription	pri'skripschn
das **Rezept** (im Kochbuch)	recipe	'resəpi
der/die **Richter/-in**	judge (m/w)	dschadsch
richtig	true	tru:
riesig	huge	hi'u:dsch
der **Ring**	ring	ring
der **Rock**	skirt	skə:t
roh	raw	ro:
die **Rolltreppe**	escalator	'eskəleitə
der **Roman**	novel	'novəl
rosarot, pink	pink	pink
die **Rose**	rose	rouz
der **Rosenkohl**	Brussels sprouts (M)	'brasəlzsprauts
rot	red	red
rote Haare	red hair	red'heə
der **Rücken**	back	bæk
rückenschwimmen	to do the back-stroke	'bækstrouk
die **Rückfahrkarte**	return ticket	ri'tə:n'tikit
der **Rucksack**	rucksack	'raksæk
rückwärts	backwards	'bækwədz
das **Ruder**	oar	o:
das **Ruderboot**	rowing bot	'rouingbout
rudern	to row	rou
Ich **rufe** zurück.	I'll call you back.	ail'koliu'bæk
ruhig	quiet	'kwaiət
(Um-)**rühren**	to mix	miks

der **Rüssel**	trunk	trank
die **Rutschbahn**	slide	slaid

S

säen	to sow	sou
die **Säge**	saw	so:
sagen	to say	sei
die **Sahne**	cream	kri:m
der **Salat**	salad	'sæləd
das **Salz**	salt	so:lt
der **Samen**	seeds	si:dz
die **Sammlung**	collection	kə'lekschn
Samstag	Saturday	'sætədi
der **Sand**	sand	sænd
die **Sandale**	sandal	'sændl
die **Sandburg**	sandcastle	'sændka:sl
das **Sandpapier**	sand paper	'sændpeipə
sanft, weich	soft	soft
der/die **Sänger/-in**	singer (m/w)	'singgə
satt sein	to be full	ful
der **Satz**	sentence	'sentəns
sauber	clean	kli:n
sauer	sour	'sauə
säumen	to hem	hem
Schach spielen	to play chess	plei'tsches
das **Schaf**	sheep	schi:p
der **Schäferhund**	sheepdog	'schi:pdog
der **Schaffner**	guard	ga:d
der **Schal**	scarf	ska:f
die **Schallplatte**	record	'rekəd
das **Schallplatten-geschäft**	record shop	'rekədschop
das **Shampoo**	shampoo	shæm'pu:
scharf (bei Fotos)	in focus	in 'foukəs
scharf (gewürzt)	hot	hot
der **Schatten**	shade	scheid
die **Schaufel**	spade	speid
das **Schaufenster**	shop window	'schopwindou
einen **Schaufenster-bummel** machen	to go window shopping	gou'windou 'schoping
die **Schaukel**	swing	swing
der **Schauspieler**	actor	'æktə
die **Schauspielerin**	actress	'æktrəs
das **Scheckheft**	cheque-book	'tschekbuk
schenken	to give (a present)	'giv (ə'presənt)
der **Scheinwerfer** (Theater, Zirkus)	spotlight	'spotlait
der **Scheinwerfer** (Auto)	headlight	'hedlait
die **Schere**	scissors (M)	'sizəz
die **Scheune**	barn	ba:n
schicken	to send	send
eine Postkarte **schicken**	to send a postcard	'sendə: 'poustca:d
ein Telegramm **schicken**	to send a telegram	'sendə: 'teligræm
schieben, **stoßen**	to push	pusch
der **Schiedsrichter**	referee	refə'ri:
das **Schiff**	ship	schip
mit dem **Schiff** fahren	to travel by boat	'trævlbai'bout
die **Schildkröte**	tortoise	'to:təz
das **Schilf**	reed	ri:d
der **Schinken**	ham	hæm
der **Schlafanzug**	pyjamas (M)	pi'dscha:məz
schlafen	to sleep	sli:p
die **Schlafenszeit**	bedtime	bedtaim
schlaf(t) gut!	Sleep well!	sli:p'wel
das **Schlaflied**	lullaby	'laləbai
schläfrig sein	to be sleepy	sli:pi
der **Schlafsack**	sleeping bag	'sli:ping bæg
der **Schlafwagen**	sleeping-car	'sli:pingka:
das **Schlafzimmer**	bed room	'bedru:m
der **Schläger**	racket	'rækit
die **Schlagzeile**	headline	'hedlain
das **Schlagzeug**	drums (M)	dramz
die **Schlange**	snake	sneik
schlank	slim	slim
das **Schleifpapier**	sandpaper	'sændpeipə
schließen	to close	klouz
der **Schlitten**	sledge	sledsch
schlummern	to slumber	'slambə
schmal	narrow	'nærou
Es **schmeckt** köstlich!	It tastes good!	it'teists'gu:d
der **Schmetterling**	butterfly	'batəflai
sich **schminken**	to put on make-up	puton'meikap
der **Schmuck**	jewellery	'dschu:əlri
schmutzig	dirty	'də:ti
der **Schnabel**	beak	bi:k
schnarchen	to snore	sno:
der **Schnee**	snow	snou
der **Schneemann**	snowman	'snoumæn
Es **schneit**	It's snowing.	its'snouing
schnell	fast	fa:st
der **Schnellzug**	fast train	fa:st'trein
schnurren	to purr	pə:
einen **Schnurrbart** haben	to have a moustache	mus'ta:sch
die **Schokolade**	chocolate	'tschoklit
die **Scholle**	plaice	pleis
schön	beautiful	bi'utitul
Es ist **schön**. (Wetter)	It's fine.	its'fain
der **Schornstein**	funnel	fanl

der **Schraubenzieher**	screwdriver	'skru:draivə
schreiben	to write	rait
einen Brief **schreiben**	to write a letter	'rait ə'letə
das **Schreibpapier**	writing paper	'raiting'peipə
das **Schreibwarengeschäft**	stationer's	steischənəs
schreien	to shout	schaut
schreinern	to do woodwork	wu'dwə:k
die **Schubkarre**	wheel barrow	'wi:lbærou
schüchtern	shy	schai
der **Schuh**	shoe	schu:
in der **Schule**	at school	ætsku:l
der/die **Schüler/-in**	pupil (m/w)	pi'upl
das **Schulheft**	copy book	'kopibuk
der **Schulhof**	school yard	'sku:lia:d
das **Schuljahr**	school year	'sku:l'jiə
der Beginn des **Schuljahres**	beginning of term	bi'giningəvtə:m
die **Schultasche**	satchel	'sætschəl
das Ende des **Schuljahres**	end of term	'endəv'tə:m
die **Schulstunde**	lesson	'lesn
die **Schulter**	shoulder	'schouldə
der (Werkzeug-) **Schuppen**	garden shed	'ga:dən'sched
die **Schüssel**	bowl	boul
schütteln	to shake	scheik
schwach	weak	wi:k
der **Schwanz**	tail	teil
mit dem **Schwanz** wedeln	to wag its tail	'wægits'teil
schwarz	black	blæk
schweigsam	quiet	'kwaiət
das **Schwein**	pig	pig
das **Schweinekotelett**	pork chop	'po:k'tschop
die **Schweiz**	Switzerland	'switsəlænd
schwer sein	to be heavy	'hevi
die **Schwester**	sister	'sistə
schwer	difficult	'difikəlt
das **Schwimmbad**	swimming pool	'swimingpu:l
schwimmen	to swim	swim
schwitzen	to sweat	swet
sechs	six	siks
sechzehn	sixteen	'siks'ti:n
sechzig	sixty	'siksti
der **See**	lake	leik
die **See**	sea	si:
an der **See**	at the seaside	ætðə:'si:said
seekrank sein	to be seasick	'si:sik
der **Seetang**	seaweed	'si:wi:d
Sehenswürdigkeiten besichtigen	to sightsee	'saitsi:
Sehr geehrte Damen und Herren	Dear Sir/ Madam	diə'sə:/ 'mædəm
seicht	shallow	'schælou
die **Seife**	soap	soup
der/die **Sektretär/-in**	secretary (m/w)	'sekrətri
die **Sekunde**	second	'seknd
Ich **sende** ...	I am sending ...	aiæm'sending
senden	to send	send
die **Sendung**	programme	'prougrəm
der **Senf**	mustard	'mastəd
September	September	sep'tembə
die **Serviette**	napkin	'næpkin
der **Sessel**	armchair	'a:mtscheə
der **Sessellift**	chairlift	'tscheəlift
sich **setzen**	to sit down	sit'daun
der **Sicherheitsgurt**	safety belt	'seiftibelt
die (Aus-)**Sicht**	view	vi'u
sieben	seven	'sevn
siebzehn	seventeen	'sevn'ti:n
siebzig	seventy	'sevnti
aus **Silber**	(made of) silver	'silvə
Silvester	New Year's Eve	ni'ujiəz'i:v
singen	to sing	sing
sitzen	to be sitting	'siting
der **Sitz**(-platz)	seat	si:t
Skandinavien	Scandinavia	skændi'neiviə
die **Skier**	skis	skiz
ski fahren	to go skiing	gou'skiing
das **Skigebiet**	ski resort	skiri'so:t
der **Skilehrer**	ski instructor	'skiin'straktə
die **Skistiefel**	ski boots	'skibu:ts
der **Skistock**	ski pole	'skipoul
so alt wie	as old as	əz'ouldəz
die **Socken**	socks	soks
das **Sofa**	sofa	'soufə
der **Sohn**	son	san
der **Soldat**	soldier	'souldschə
der **Sommer**	summer	'samə
die **Sommersprossen**	freckles	'freklz
das **Sonderangebot**	bargain	'ba:gin
Sonnabend	Saturday	'sætədi
die **Sonne**	sun	san
der **Sonnenaufgang**	sunrise	'sanraiz
sonnenbaden	to sunbathe	'sanbeið
die **Sonnenbrille**	sunglasses (M)	'sangla:siz
das **Sonnenöl**	suntan lotion	'santæn'louschn
Die **Sonne** scheint.	The sun is shining.	ðə'saniz'schaining
der **Sonnenschirm**	sunshade	'sanscheid

der **Sonnenuntergang**	sunset	'sanset
der **Sonntag**	Sunday	'sandei
sortieren	to sort	so:t
die **Sowjetunion**	Soviet Union	'souviet'iuniən
Spanien	spain	spein
Spanisch	Spanish	'spænisch
Spaß haben	to have fun	hæv'fan
zu **spät** kommen	to be late	bi:leit
der **Spaten**	spade	speid
der **Spatz**	sparrow	'spærou
spazieren führen	to take for a walk	'teikforə'wo:k
spazieren gehen	to go for a walk	'gouforə'wo:k
die **Speisekarte**	menu	'meniu
der **Speisewagen**	buffet car	'bufei'ka
der **Sperling**	sparrow	'spærou
die **Sperre**	barrier	'bæriə
der **Spiegel**	mirror	'mirə
die **Spiele**	games	geimz
spielen	to play	plei
der/die **Spieler**	player (m/w)	'pleiə
die **Spielwaren**	toys	toiz
der **Spinat**	spinach	'spinitsch
die **Spinne**	spider	'spaidə
der **Spirituskocher**	stove	stouv
der **Sport**	PE (=physical education)	pi:'i
die **Sportausrüstung**	sports equipment	'spo:ts ik'wipmənt
der (Kinder-) **Sportwagen**	buggy	'bagi
(ins Wasser) **springen, tauchen**	to dive	daiv
die **Spritze**	injection	in'dschekschn
spritzen, planschen	to splash	splæsch
das **Sprungbrett**	diving board	'daiving bo:d
das **Spülbecken**	sink	sink
Squash spielen	to play squash	plei'skwosch
die **Stadt**	town	taun
die (Groß-)**Stadt**	city	'siti
die **Stadtmitte**	town centre	'taunsentə
das **Stangenbrot**	French loaf	'frensch'louf
stark	strong	strong
die **Start-** und Landebahn	runway	'ranwei
starten	to take off	teik'of
die **Statue**	statue	'stætiu
staubsaugen	to vacuum	'vækiuəm
das **Steak**	steak	steik
stechen	to sting	sting
die **Steckdose**	plug	plag
die **Stecknadel**	pin	pin
stehen	to stand	stænd
(Schlange) **stehen**	to queue	kju:
stehlen	to steal	sti:l
in ein Flugzeug **steigen**	to board	bo:d
steil	steep	sti:p
der **Stein**	rock	rok
sterben	to die	dai
der **Stern**	star	sta:
die **Sterne**	stars	sta:z
die **Steuern**	taxes	'tæksiz
die **Stewardess**	air hostess	'eə'houstis
der **Stiefel**	boot	bu:t
Stimmt!, Genau!	I agree.	'aiə'gri:
das **Stirnband**	headband	'hedbænd
die **Stirn** runzeln	to frown	fraun
der **Stoff**	fabric	'fæbrik
der **Stöpsel**	plug	plag
der **Stoßzahn**	tusk	task
der **Strand**	beach	bi:tsch
(breite) **Straße**	road	roud
(schmale) **Straße**	street	stri:t
die **Straße** überqueren	to cross the street	'krosðə'stri:t
die **Straßenlaterne**	street light	'stri:tlait
der **Strauch**	bush	'busch
der (Braut-)**Strauß**	bouquet	bu'kei
der **Strauß** (Vogel)	ostrich	'ostritsch
sich **strecken**	to stretch	stretsch
die **Strickanleitung**	pattern	'pætən
stricken	to knit	nit
die **Strickjacke**	cardigan	'ka:digən
die **Stricknadeln**	knitting needles	'niting'ni:dls
der **Strohhaufen**	strawstack	'sto:stæck
der (elektrische) **Strom**	electricity	elek'trisiti
die **Strumpfhose**	tights (M)	taits
das (Theater-)**Stück**	play	plei
der/die **Student/-in**	student (m/w)	sti'udent
studieren	to study	'stadi
der **Stuhl**	chair	tscheə
die **Stunde**	hour	'auə
die **Stunde** (in der Schule)	lesson	'lesn
der **Stundenplan**	timetable	'taimteibl
sich **stützen** auf	to lean (on)	'li:n'on
subtrahieren	to subtract	sab'trækt
suchen	to look for	'lukfo:
Südamerika	South America	sauðəm'erikə
der **Süden**	south	sauð
der **Südpol**	South Pole	'sauðpoul
im **Supermarkt**	in the supermarket	in ðə'supəma:kit

die **Suppe**	soup	su:p
die **Suppentasse**	bowl	boul
süß	sweet	swi:t

T

das **Tablett**	tray	trei
die **Tablette**	pill	pil
die **Tafel**	blackboard	'blækbo:d
der **Tag**	day	dei
die **Tagesdecke**	bedspread	'bedspred
mit dem Fuß den **Takt** schlagen	to tap your feet	'tæpiuə'fi:t
das **Tal**	valley	'væli
tanken	to fill up with petrol	fil'apwið'petrl
die **Tankstelle**	petrol station	'petrl'steischn
die **Tanne**	fir tree	'fə:'tri
die **Tante**	aunt	a:nt
tanzen	to dance	da:ns
der/die **Tänzer/-in** (Ballett)	ballet dancer	'bælei'da:nsə
die **Tanzfläche**	dance flour	'da:nsflo:
die **Tasche**	pocket	'pokit
das **Taschenbuch**	paperback	'peipəbæk
die **Tasse**	cup	kap
die **Tastatur**	keyboard	'ki:bo:d
die **Tatze**	paw	po:
die **Taube**	pigeon	'pidschn
tauen	to thaw	ðo:
tausend	thousend	'ðausənd
das **Taxi**	taxi	'tæksi
ein **Taxi** anhalten	to hail a taxi	'hailə'tæksi
der/die **Taxi-fahrer/-in**	taxi-driver (m/w)	'tæksidraivə
der **Taxistand**	taxi rank	'tæksi'rænk
der **Tee**	tea	ti:
die **Teekanne**	teapot	'ti:pot
der **Teich**	pond	pond
die **Teigwaren** (M)	pasta (M)	'pæstə
teilen	to divide	di'vaid
das **Telefon**	telephon	'telifoun
einen **Telefonanruf** beantworten	to answer the phone	'a:nsəðə'foun
das **Telefonbuch**	(telephone directory)	'telifoun di'rektəri
der **Telefonhörer**	receiver	ri'si:və
telefonieren	to telephone	'telifoun
die **Telefon-nummer**	telephone number	'telifoun 'nambə
die **Telefonzelle**	telephone box	'telifoun'boks
das **Telegramm**	telegram	'teligræm
der **Teller**	plate	pleit
erhöhte **Tempera-tur** haben	to have a temperature	'hævə 'tempridschə
der **Tennisplatz**	tennis court	'tenis'ko:t
der **Tennisschläger**	racket	'rækit
die **Tennisschuhe**	tennis shoes	'tenis'schu:s
Tennis spielen	to play tennis	plei'tenis
der **Tennisspieler**	tennis player	'tenis'pleiə
der **Teppich**	carpet	'ka:pit
der **Teppichboden**	fitted carpet	fitəd'ka:pit
der **Terminkalender**	diary	'daiəri
Das ist **teuer**.	That's expensive.	'ðəetsiks'pensiv
Das ist nicht **teuer**.	That's good value.	ðætsgudvælju:
das **Theater**	theatre	'ði:etə
das **Theaterstück**	play	plei
die **Theke**	counter	'kauntə
das **Thermometer**	thermometer	ðə'momitə
tief	deep	di:p
die **Tiefkühlkost**	frozen food	'frouzən'fu:d
das **Tier**	animal	'ænimәl
der **Tiger**	tiger	'taigə
der **Tisch**	table	'teibl
den **Tisch** decken	to lay the table	'leiðə'teibl
die **Tischdecke**	tablecloth	'teiblkloð
tischlern	to do woodwork	du'wu:dwərk
die **Tochter**	daughter	'do:tə
der **Tod**	death	deð
die **Toilette**	toilet	'toilet
die **Tomate**	tomato	tə'matou
das **Tonbandgerät**	cassette recorder	cæsetrico:də
das **Tor**	gate	geit
ein **Tor** schießen	to score a goal	sko:rə'goul
der **Torwart**	goalkeeper	'goulki:pə
der/die **Tourist/-in**	tourist (m/w)	'tuərist
die (Kranken-) **Trage**	stretcher	'stretschə
tragen	to carry	'kæri
tragen	to wear	weə
trainieren	to exercise	'eksəsaiz
der **Trainingsanzug**	tracksuit	'træksu:t
der **Traktor**	tractor	'træktə
die **Traube**	grape	greip
die **Trauerweide**	weeping willow	'wi:ping'wilou
träumen	to dream	dri:m
traurig	sad	sæd
treffen	to meet	mi:t
(auf dem Wasser) **treiben**	to float	flout
die **Treppe**	stairs	steəz
sich **trimmen**	to exercise	'eksəsaiz
trinken	to drink	drink
das **Trinkgeld**	tip	tip
die **Trompete**	trumpet	'trampit
das **T-Shirt**	T-shirt	'ti:schə:t

die **Tulpe**	tulip	'tiu:lip
die **Tür**	door	do:
das **Turnen**	gymnastics (E)	dschim'næstiks

U

die **U-Bahn**	underground	'andəgraund
die **U-Bahn-Station**	underground station	'andəgraund 'steischn
über	over	'ouvə
die **Überfahrt**	crossing	'krosing
sich **übergeben**	to vomit	'vomit
überholen	to overtake	ouvə'teik
übermorgen	the day after tomorrow	deia:ftə tə'morou
die **Überschrift**	headline	'hedlain
die **Über-schwemmung**	flood	flad
der **Übersee-dampfer**	liner	'lainə
die **Überstunden** (M)	overtime	'ouvətaim
das **Ufer**	bank	bænk
die **Uhr**	clock	clok
Es ist 1 **Uhr**.	It is 1 o'clock.	it is'wanəklok
umkippen	to capsize	kæp'saiz
umwerfen	to knock over	'nok'ouvə
und (plus)	plus	plas
ungezogen, ungehorsam	naughty	'no:ti
unhöflich	rude	ru:d
die **Universität**	university	iuni'və:siti
das **Unkraut**	weed	wi:d
Unkraut jäten	to weed	wi:d
unrichtig, falsch	false	fo:ls
unscharf	out of focus	autov'foukəs
unten (im Haus)	downstairs	'daun'steəz
nach **unten** gehen	to go downstairs	'gou'daun'steəz
unter	under	'andə
unter, zwischen	among	ə'mong
die (Fußgänger-) **Unterführung**	subway	'sabwei
sich gut **unterhalten**	to enjoy yourself	in'dschoi'iuself
das **Unterhemd**	vest	vest
die **Unterhose**	underpants (M)	'andəpænts
die (Damen-) **Unterhose** der Slip	knickers (M)	'nikəz
der **Unterricht**	lesson	'lesn
unterrichten, lehren	to teach	ti:tsch
unterschiedlich	different	'difrənt
der **Unterrock**	petticoat	'pettikout
die **Untertasse**	saucer	'so:sə
der **Urwald**	jungle	'dschangl

V

der **Vater**	father	'fa:ðə
die **Verbrennung**	burn	bə:n
der **Verband**	bandage	'bændidsch
die **Vereinigten** Staaten	United States	iu'naitid'steits
verfolgen, nachjagen	to chase	tscheis
die **Vergangenheit**	past	pa:st
das **Vergissmein-nicht**	forget-me-not	fo:'getminot
sich **vergnügen**	to have fun	hæv'fan
verkaufen	to sell	sel
der/die **Verkäufer/-in**	shop assistent (m/w)	schopə'sistənt
der **Verkehr**	traffic	'træfik
der **Verkehrsstau**	traffic jam	'træfik'dschæm
verladen	to load	loud
verlieren	to lose	lu:z
sich **verloben**	to get engaged	getin'geidschd
die **Verpackung**	wrapping	'ræping
die Geschwindig-keit **verringern**	to slow down	slou'daun
verrühren, mischen	to mix	miks
Verspätung haben	to be late	bi:leit
sich das Hand-gelenk **ver-stauchen**	to sprain your wrist	'spreiniuə 'rist
(sich) **verstecken**	to hide	haid
verspielt	playful	'pleiful
der/die **Vertreter/-in**	sales represen-tative (m/w)	'seilsripri'sen-tətiv
verwandt sein mit	to be related to	biri'leited tu
Nichts zu **ver-zollen**.	Nothing to declare.	'naðing tə di'kleə
der **Vetter**	cousin	'kazn
das **Videogerät**	video	'videou
die **Videokamera**	video camera	'videou'kæmrə
Vielen Dank!	Thanks very much!	'ðænksveri 'matsch
Vielen Dank für Ihr Schreiben vom ...	Thank you for your letter of ...	'ðænkiufo:iu 'letəov ...
Viel Glück!	Good luck!	gud'lak
vier	four	fo:
der **vierte**	the fourth	fo:ð

ein **Viertel**	a quarter	'kwo:tə
das (Stadt-)**Viertel**	district	'distrikt
Viertel nach 10	a quarter past 10	'kwo:təpasten
Viertel vor 10	a quarter to 10	'kwo:tətuten
vierzehn	fourteen	'fo:'ti:n
vierzig	fourty	'fo:ti
der **Vogel**	bird	bə:d
die **Vogel-scheuche**	scarecrow	'skeəkrou
die **Vogelstange**	perch	pə:tsch
das **Volumen**	volume	'volju:m
vor	in front of	in'frontov
vorgestern	the day before yesterday	ðə'dei bifo 'iestədei
vor zwei Tagen	two days ago	tudeizə'gou
der **Vorhang**	curtain	'kə'tən
die **Vorhänge** aufmachen	to open the curtains	'oupənðə 'kə:tənz
eine Geschichte **vorlesen**	to read a story	'ri:dəsto:ri
der **Vorname**	first name	'fə:stneim
der **Vorort**	suburb	sabəb
VORSICHT, BISSIGER HUND!	BEWARE OF THE DOG!	bi'weəovðə 'dog
vorsichtig	careful	'kæəful
der/die **Vorsitzende**	leader (m/w)	'li:də
die **Vorspeise**	starter	'sta:tə
vorstellen	to introduce	intrə'dju:s
die **Vorwahl**	area code	'æriakoud
vorwärts	forwards	'fo:wədz

W

die **Waage**	scales (M)	skeils
der **Waggon**	carriage	'kæridsch
die **Wahl**	election	i'lekschn
wählen	to vote	vout
die Nummer **wählen**	to dial the number	'daiəlðə 'nambə
wahr	true	tru:
der **Wald**	wood	wud
die **Wand**	wall	wo:l
die **Wange**	cheek	'tschi:k
der/die (Zoo-) **Wärter/-in**	zoo keeper (m/w)	'zu:'ki:pə
auf jemanden **warten**	to wait for someone	weit
der **Wartesaal**	waiting room	'weitingru:m
Was hätten Sie gern?	What would you like?	'wotwudiu 'laik
das **Waschbecken**	sink	sink
die **Wäsche-klammer**	clothes peg	'klouðzpeg
die **Wäscheleine**	washing line	'woschinglain
sich **waschen**	to wash yourself	'woshiuə'self
die **Wäsche** waschen	to do the washing	'wosching
der **Waschlappen**	face cloth	'feiskloð
die **Wasch-maschine**	washing machine	'wosching ma'schi:n
das **Wasser**	water	'wo:tə
das **Wasser** einlaufen lassen	to run a bath	'ranə'ba:ð
der **Wasserhahn**	tap	tæp
Wasserski fahren	to waterski	'wo:təski
Geld **wechseln**	to change money	'tscheinsch'mani
der **Wechselkurs**	exchange rate	iks'tscheinschreit
Haben Sie **Wechselgeld**?	Have you any small change?	hævju: æni smo:l tscheinsch
der **Wecker**	alarm clock	əl'a:mklok
der (Garten-)**Weg**	path	pa:ð
weglaufen	to run away	'rana'wei
weg von	away from	a'weifrom
der **Wegweiser**	signpost	'sainpoust
weich	soft	soft
die **Weide**	weeping willow	'wi:ping 'wilou
Weihnachten	Christmas	'krismәs
der **Weihnachts-baum**	Christmas tree	'krisməs'tri:
das **Weihnachts-lied**	Christmas carol	'krisməs'kærəl
der **Weihnachtstag**	Christmas day	'kriməsdei
der **Wein**	wine	wain
der **Weinberg**	vineyard	viniəd
weinen	to cry	krai
weiß	white	wait
weit	loose	lu:z
weiterführende Schule	secondary school	'sekəndri'sku:l
Ist es **weit** bis zum/zur ...?	Is it far to ...?	izit'fa:tu
weit von	far away from	fara'wei from
Welche Größe ist das?	What size is this?	wot'saisizðis
die **Welle**	wave	weiv
der **Wellensittich**	budgie	'badschi
der **Welpe**	puppy	'papi
die **Welt**	world	wə'ld
das **Weltall**	universe	'iu:nivə:s
der **Weltraum**	space	speis
weniger (minus)	minus	'mainəs
Wer spricht?	Who's speaking?	'hu:zspi:king
werfen	to throw	ðrou

die **Wespe**	wasp	wosp
der **Westen**	west	wes
das **Wetter**	weather	'weðə
Wie ist das **Wetter**?	What's the weather like?	watsðə'weðə laik
die **Wettervorhersage?**	weather forecast	'weðə'fo:ka:st
wichtig	important	im'po:tənt
Wie alt bist du?	How old are you?	hau'oulda:iu
Wie gehts?	How are you?	hau'a:iu
Wie heißt du?	What's your name?	'watsiuə'neim
Wie komme ich zum/zur ...?	Which way is ...?	'witschwei'z
Wie spät ist es?	What time is it?	wot'taim'izit
Auf **Wiederhören**!	Good bye!	gud'bai
Auf **Wiedersehen**!	Good bye!	gud'bai
wiegen	to weigh	wei
sich **wiegen**	to weigh oneself	'weiwanself
die **Wiese**	meadow	'medou
die **Wiesenblumen**	wild flowers	'waild'flauəs
Wie viel kostet das?	How much is that?	haumatschiz 'ðæt
Wie viel Uhr ist es?	What time is it?	wot'taim'izit
wild	wild	waild
die **Wimperntusche**	mascara	məs'ka:ra
der **Wind**	wind	wind
Es ist **windig**.	It's windy.	its'windi
die **Windschutzscheibe**	windscreen	'windskri:n
windsurfen	to windsurf	'windsə:f
der **Winter**	winter	'wintə
winzig	tiny	'taini
Wo liegt ...? **Wo** ist ...?	Which way is ...?	witschwei'iz ...
die **Woche**	week	wi:k
das **Wochenende**	week-end	'wi:kend
die **Wochenkarte**	weekly ticket	'wi:kli'tikit
die **Wohnung**	flat	flæt
der **Wohnwagen**	caravan	'kærəvæn
das **Wohnzimmer**	living room	'livingru:m
die **Wolke**	cloud	klaud
der **Wolkenkratzer**	skyscraper	'skai'skreipə
die **Wolle**	wool	wu:l
aus **Wolle** gemacht	woolen	'wulən
die **Wolljacke**	cardigan	'ka:digən
das **Wort**	word	wə:d
die (Schnitt-) **Wunde**	wound	wu:nd
Was **wünschen** Sie?	Can I help you?	kænai'helpiu
das **Würstchen**	sausage	'sosidsch
die **Wüste**	desert	'dezət

Z

zahm	tame	teim
der **Zahn**	tooth	tu:ð
sich die **Zähne** putzen	to brush your teeth	'braschiuəti:ð
der **Zahnarzt**, die **Zahnärztin**	dentist (m/w)	'dentist
die **Zahnbürste**	toothbrush	'tu:ðbrasch
die **Zahnpasta**	toothpaste	'tu:ðpeist
Zahnschmerzen haben	to have a toothache	hævə'tuðeik
der **Zaun**	fence	fens
das **Zebra**	zebra	'zi:brə
der **Zeh**	toe	tou
zehn	ten	ten
die **Zeit**	time	taim
eine schöne **Zeit** verbringen	having a lovely time	'hævingə'lavli 'taim
die **Zeitschrift**	magazine	'mægəzin
die **Zeitung**	newspaper	ni'uzpeipə
das **Zelt**	tent	tent
ein **Zelt** aufbauen	to pitch a tent	'pitschə'tent
zelten	to camp	kæmp
der **Zentimeter**	centimetre	'sentimi:tə
(**zer**-)brechen	to break	breik
zerreißen	to tear	tæə
die **Ziege**	goat	gout
ziehen	to pull	pul
die **Zitrone**	lemon	'lemən
der **Zoll**	customs (M)	'kastəmz
der/die **Zöllner/-in**	customs officer (m/w)	'kastəmz'ofisə
zollfreier Verkauf	duty-free shop	'diuti'frischop
der **Zoo**	zoo	zu:
der/die **Zoowärter/-in**	zoo keeper (m/w)	'zu:'ki:pə
die **Zöpfe**	plaits	plæts
der **Zucker**	sugar	'schugə
zufrieden mit	pleased with	'pli:zd wið
der **Zug**	train	trein
Zugabe!	Encore!	ang'ko:
der **Zug** aus ...	The train from ...	'treinfrom
der **Zug** nach ...	The train to ...	'treintu
den **Zug** erwischen	to catch the train	'kætschðə'trein
den **Zug** verpassen	to miss the train	'misðə'trein
Ich bin **zu** Hause.	I'm at home.	aimæt'houm
die **Zukunft**	future	'fiutschə
in der **Zukunft**	in the future	inðə'fiutschə

zuletzt, Letzte(r)	last	la:st	**zwei**	two	tu:
die **Zunge**	tongue	tang	der **Zweig**	branch	bra:ntsch
zusammen	together	tu'geðə	der **zweite**	the second	'seknd
zusammenzählen	to add	æd	**2. Klasse**	second class	'seknd'kla:s
Zusammenstoß	collision	ko'lischn	**zweiter** Stock	second floor	'seknd'flo:
zustellen, übergeben	to deliver	de'livə	die **Zwiebel**	onion	'onjən
			die **Zwillinge** (M)	twins (M)	twinz
die **Zutaten**	ingredients	in'gri:diənts	**zwischen**	between	bit'wi:n
zwanzig	twenty	'twenti	**zwölf**	twelve	twelf

Bibliografische Information Der Deutschen Bibliothek

Die Deutsche Bibliothek verzeichnet diese Publikation in der Deutschen Nationalbibliografie; detaillierte bibliografische Daten sind im Internet über http://dnb.ddb.de abrufbar.

13. Auflage 2002

Redaktion der Originalausgabe: Nicole Irving
unter Mitarbeit von Anita Ganeri
Gestaltung: Brian Robertson
Zusätzliche Illustrationen: Kim Blundell
Handschriften: Jac Mitter
Übersetzt und bearbeitet von Heinz Lechleiter
Umschlaggestaltung: Pfeifer-Design
ISBN 3-7607-4724-8

www.arsedition.de

Spielerisch Fremdsprachen lernen

Unsere Kinder sind Kinder Europas. Junge Menschen haben ein natürliches Interesse, den Kontakt zu Gleichaltrigen aufzunehmen, auch mit denen, die eine andere Sprache sprechen – zu Hause und besonders in den Ferien. Schon im Grundschulalter macht es ihnen Spaß, auf spielerische Weise Fremdsprachen zu lernen. Die Sprachbücher der arsEdition führen mit lustigen Bildern und lebendigen Dialogen in den alltäglichen Sprachgebrauch einer fremden Sprache ein – motivierend für Einsteiger jeden Alters.

Reihe	Zielgruppe	Umfang	€
Sprachbilderbücher (Sue & Sam / Marie & Paul)	ab 4 J.	48 S.	10,90
dazu Tonkassette	ab 4 J.	40 min.	8,50 *
Meine ersten Wörter und Sätze	ab 8 J.	48 S.	10,90
dazu Tonkassette	ab 8 J.	80 min.	8,50 *
Bildwörterbücher	ab 10 J.	128 S.	12,90
außer Bildwörterbuch Deutsch	ab 10 J.	96 S.	12,90
Rätselspaß	ab 10 J.	64 S.	4,95

* unverbindliche Preisempfehlung

ISBN 3-7607-**4644-6**
Tonkassette-**4645-4**

ISBN 3-7607-**4646-2**
Tonkassette-**4647-0**

ISBN 3-7607-**4769-8**

ISBN 3-7607-**4770-1**

ISBN 3-7607-**4771-X**

ISBN 3-7607-**4719-1**
Tonkassette-**4748-5**

ISBN 3-7607-**4720-5**
Tonkassette-**4749-3**

ISBN 3-7607-**4721-3**

ISBN 3-7607-**4722-1**

ISBN 3-7607-**4723-X**

ISBN 3-7607-**4724-8**

ISBN 3-7607-**4725-6**

ISBN 3-7607-**4726-4**

ISBN 3-7607-**4727-2**